MEDITATIONSÜBUNGEN- DER WEG INS GÖTTLICHE BEWUSSTSEIN

Selbst bewusst werden und neu starten!

„Unzufriedenheit mit dem Beruf, der Beziehung, der Gesundheit und dem Leben..“

Anleitung, Inspiration und Übungen zur

TRANSFORMATION DEINES LEBENS

Meditationsübungen - der Weg ins göttliche Bewusstsein

Inhalt

Kapitel 1 – Die Grundlagen 4

1.1. Was ist Meditation? 4

1.2. Wozu meditieren? 5

1.3. Wann ist es Meditation? 7

Kapitel 2 – Das solltest du wissen 8

2.1. Wie meditiere ich richtig? 8

2.2. Was für Meditationen gibt es? 9

2.3. Was macht Meditation mit mir? 12

Kapitel 3 – Körper, Geist und Seele 15

3.1. Meditationspositionen 15

3.2. Mudras - Fingerpositionen 17

Das Herz-Mudra 19

Hakini-Mudra 19

3.3. Chakren - Energiezentren 20

Die 7 wichtigen Chakren 22

1. Chakra - Wurzel-Chakra 22

2. Chakra - Sakral-Chakra 23

3. Chakra - Nabel-Chakra 23

4. Chakra - Herz-Chakra 24

5. Chakra - Kehlkopf-Chakra 25

6. Chakra - Stirn-Chakra 25

7. Chakra - Kronen-Chakra 26
Kapitel 4 – Die ersten Erkenntnisse 27
4.1. Jenseits vom Verstand ist die Quelle 27
4.2. Genau JETZT ist das Ziel 35
4.3. Bewusstes Handeln 45
Kapitel 5 - Der Weg aus dem Schmerz 51
5.1. Der Ursprung der Angst 51
5.2. Die Suche des EGO`s 64
5.3. Die Illusion der Zeit 78
Kapitel 6 – Meditation ist keine Technik 83
6.1. Lass dein Herz sprechen 83
6.2. Die Dimension des Beobachtens 86
6.3. Wichtige Tipps für Anfänger 89
7. Was ich dir mit auf den Weg geben möchte 92
JETZT ist die Zeit für Deine Transformation! 94
Zusammenfassung und nächste Schritte 96
Wer bin ich? 97
Ressourcen – Liste 99
Notizen 100

Kapitel 1 – Die Grundlagen

1.1. Was ist Meditation?

Meditation ist ein Wort. Es beschreibt einen konkreten Inhalt, der nur erfasst werden kann, wenn du in das Wort eintauchen kannst. Damit ist gemeint, dass es hier um das Erfassen mit dem Herzen geht. Wie schon Antoine de Saint-Exupéry sagte **„man sieht nur mit dem Herzen gut, das Wesentliche ist für das Auge unsichtbar“**.

Das Problem, Meditation verständlich zu erklären, findet sich in den unterschiedlichen Ebenen. Worte existieren im Bereich der Sprache. Im stofflichen Bereich der Dualität. Meditation selbst geschieht auf der nichtstofflichen Ebene. Im geistigen Bereich.

Der Versuch, etwas Unbegrenztes mit Hilfe eines Wortes zu beschreiben, muss scheitern. Denn das Größere lässt sich nicht in das Kleinere pressen. Auch der Wind lässt sich nicht durch das Wort erfassen. Einem Kind zu sagen, dass der Wind vorhanden ist, wird es verwirren. Seine Existenz lässt sich nur anhand sichtbarer Bewegungen nachvollziehen.

Genauso ist es mit der Meditation oder Meditationsübungen. Du wirst ihre Auswirkungen und eine Veränderung deiner Persönlichkeit spüren, aber du wirst sie nicht in Worte fassen oder erklären können. Sie sind keine Objekte, auch wenn es unzählige Meditationstechniken gibt.

Meditation ist ein erfahrbares Erleben. Ein Empfinden in deinem Inneren. Eine veränderte Wahrnehmungsweise, die deinen Blick öffnet und dich erkennen lässt, dass die Realität innerlich beginnt und sich als deine Umwelt wiederspiegelt. Klammere dich deshalb nicht an den Begriff oder eine Schrittfolge. Es ist die Beobachtung, um die es geht. Die Wahrnehmung dessen, was genau jetzt geschieht. Etwas, das sich nicht in Worten einfangen lässt.

1.2. Wozu meditieren?

Der Sinn deines Lebens besteht darin aufzuwachen. Du bist nicht hier, um einen guten Job zu haben, den Partner fürs Leben zu finden oder bekannt und berühmt zu werden. Du wurdest frei geboren und bewegst dich in diesem materiellen Spiel, um dich daran zu erinnern. Sämtliche Stationen deines Lebens sind Hilfestellungen dafür.

Sie kommen, sind da und lösen sich ins Nichts auf. Was bleibt, bist du. Aber was bedeutet diese Feststellung? Bis jetzt hast du das Gefühl, eine bestimmte physische Form zu sein. Du hast dich so sehr damit identifiziert, dass du gar nicht merkst, dass das nicht stimmt. Je mehr du auf der Ebene der körperlichen Sinne lebst, desto weniger spürst du diese leise Stimme in dir.

Die dir von deinem wirklichen Sein erzählt und dich an das erinnern möchte, was du vor deiner Geburt auf dieser Erde wusstest.

Durch die Meditation kehrst du Stück für Stück in deine Wahrnehmung zurück. Obwohl sich im Außen zuerst nichts verändert hat, wirst du innerlich etwas anderes spüren. Stell dir vor, du gräbst einen Garten um und machst zwei Fotos.

Eines vor dem Umgraben und eines danach. Dein Standort ist gleich, aber das, was dich umgibt, hat sich verändert. So lässt sich Meditation beschreiben. Du ziehst die Aufmerksamkeit von deinen Sinnesorganen ab und lässt sie innerlich wirken. Dann wirst du eine völlig andere Welt erleben.

Du kannst erkennen, wie die Dinge in jedem Moment aus der göttlichen Ordnung heraus ablaufen sollten. Du wirst verstehen, warum es im Außen völlig anders aussieht. Und was du tun kannst, um ein wenig mehr Licht auf die Erde zu bringen. Indem das Gute in dir zu leben beginnt. Dazu wird das Meditieren dich bringen. Wenn du dich darauf einlässt.

1.3. Wann ist es Meditation?

Es ist immer Meditation, wenn du still wirst. Wenn du aus deinem Denken über die Dinge hinaustrittst und in das Empfinden des gegenwärtigen Moments eintauchst.

Es ist Meditation, wenn du agierst, dich also in einer Situation für ein konkretes Handeln frei entscheidest. Wenn nicht aus Konditionierung ein passendes Reaktionsmuster abläuft, das dich zum Handeln zwingt.

Es ist genau dann Meditation, wenn sich etwas in deinem Inneren ohne Vorbereitung öffnet und Gedanken in dein Bewusstsein fließen, die du noch nie in deinem Denken wahrgenommen hast. Wenn Antworten nicht von Menschen kommen, sondern dich scheinbar aus dem Nichts treffen und sich so klar und verständlich anfühlen, dass du nur schmunzeln kannst.

Du weißt immer genau, wann es passiert. Es ist ein Moment, in dem du messerscharf das Empfinden von etwas Neuem hast. Als ob sich die Wolken am inneren Himmel verzogen haben und du ein Stückchen Blau zu sehen bekommst.

Danach bist du neu und anders. Denn du spürst Erkenntnisse in dir, die dich zu einer besseren Version von dir machen. Um das zu erleben musst du still werden. Innerlich und äußerlich. Dadurch bewegt sich etwas, was du ganz deutlich spüren kannst. Stück für Stück verändert sich deine Wahrnehmung von dir und vom Leben. Richtig verstehen kannst du es nur, wenn du es erlebst. **Carpe diem - nutze deshalb (auch) diesen Tag.**

Kapitel 2 – Das solltest du wissen

2.1. Wie meditiere ich richtig?

Du kannst weder richtig noch falsch meditieren. Denn Meditieren funktioniert nicht aufgrund einer Gebrauchsanleitung, die bei Einhaltung ein bestimmtes Ergebnis verspricht.

Meditation bedeutet, dass du bestimmte Dinge tust und dich dabei beobachtest. Sodass du aus der aktiven Position des Handelnden heraustrittst und dich selbst als Beobachter und Beobachteter erlebst.

Durch diese Art des Daseins erfasst du die Welt auf andere Weise. Deshalb musst du verstehen, dass du in Wahrheit gar nichts falsch machen kannst. Denn was du tust, ist eigentlich egal. Du musst dabei nur innerlich unbewegt sein und dich beobachten.

Trotzdem ist es am Anfang hilfreich, bestimmte Positionen einzunehmen oder an Orten zu meditieren, die vom Alltag und seinen Reizen für die Sinnesorgane abgeschirmt sind. Bei längerer Übung kannst du immer und überall meditieren, also achtsam sein.

Du begibst dich in den Zustand zurück, in dem ein Neugeborenes seine ersten Lebenstage verbringt, bis es von seinem Umfeld konditioniert wird. Du schlüpfst Schritt für Schritt aus den Gedanken und Bildern heraus, die von deinen Eltern und Betreuungspersonen an dich weitergegeben wurden.

Du konntest sie damals nicht abweisen oder durch positive Gedankenformen ersetzen. Dazu mussten sich erst dein Wille und dein Intellekt entwickeln. Jetzt bist du soweit und auf dem Weg des Erwachens. Dem Pfad des Erwachsenen - erkennst du das Wort „wach“ in diesem Begriff?

Noch schläfst du, was bedeutet, dass du die Welt und das Leben nicht in ihrer wirklichen Weise siehst. Dir erscheint noch die materielle Welt mit all ihren menschlichen Begrenzungen, die dich leiden lassen. Meditationsübungen werden dich Schritt für Schritt verändern. Jeden Tag wirst du ein wenig verwandelt sein und deshalb deine Umwelt neu interpretieren und erfahren.

Aus diesem Grund lässt sich Meditation nicht "machen". Dafür wäre nämlich ein gleichbleibendes Ich erforderlich, das die Aufgaben abarbeitet. Durch den nach innen gerichteten Blick verändert sich das, was du dein Ich oder deine Persönlichkeit nennst.

Das kannst du beschreiben, aber nicht, wodurch es passiert. Dafür sind Worte zu begrenzt und können das Wesen hinter sich selbst nicht erfassen. Worte weisen nur die Richtung, den Inhalt kannst du nur erspüren.

2.2. Was für Meditationen gibt es?

Wenn von Meditationsübungen die Rede ist, muss dir immer klar sein, dass eine Übung nur ein Mittel zum Zweck ist und letztlich losgelassen werden muss. Dein gesamter Alltag kann zur Meditation werden, weil du dich in allen Momenten beobachten kannst.

Da du anfangs aber nicht in der Lage bist, den ganzen Tag bewusst zu sein - (du beobachtest, dass du siehst und was du siehst oder du nimmst wahr, dass du etwas hörst und was du hörst...) - musst du dir zu Beginn Zeiten schaffen, in den du absichtlich bewusst sein willst.

So wie du die Entscheidung triffst, dir eine Tasse Kaffee zu machen und damit in der physischen Welt tätig wirst, kannst du dich entscheiden, dich selbst bei deinem Handeln zu beobachten. Je stärker der Fokus auf nichtstofflichen Vorgängen liegt, desto leichter trittst du in die geistige Wahrnehmung ein. Genau das ist es, was dir das Gefühl von Leichtigkeit und Frieden, also scheinbarer Schwerelosigkeit beschert. Hier ist alles in Ordnung.

Es gibt keine kämpfenden Gedanken, denen du dich unterworfen fühlst. Denn diese existieren auf einer anderen "Ebene", einer anderen Schwingungsfrequenz, aus der du dich für einen Moment entfernst, wenn du still wirst.

Bei den Meditationsarten gibt es viele Ansätze. Du kannst dich beispielsweise auf den Atem konzentrieren und beobachten, wie dieser in dich einströmt, einen Umkehrpunkt erreicht und anschließend deinem Körper entströmt.

Bei diesen Meditationsübungen wirst du erleben, dass du nicht selbstständig atmest, sondern „geatmet wirst". Du kannst diesen Vorgang für einen Moment kontrollieren, indem du den Atem anhältst. Aber es wird dir nicht möglich sein, das dauerhaft zu tun.

Nach einer bestimmten Zeit greift das Leben ein und unterbricht deine Kontrolle, indem es deinen Körper zum Luftholen zwingt. Dein Verstand kann das nicht ändern. Im fortgeschrittenen Stadium ist es dir möglich, die Atemfrequenz auf ein Minimum zu reduzieren. Das geschieht allerdings nicht durch dein Tun.

Während du den Atem ohne ein Ziel beobachtest, gehen Atem- und Herzfrequenz automatisch zurück. Dein Körper kann ausruhen und sich regenerieren. Ein wichtiger Nebeneffekt der Meditation.

Du kannst dich auch beim Spazierengehen auf die Atemmeditation einlassen. Zähle während des Einatmens, halte die Luft anschließend die gleiche Zeitspanne lang an und atme innerhalb der gleichen Zeitdauer aus. Finde deinen persönlichen Rhythmus und übernimm keine Zeitvorgaben. Sonst beginnst du, etwas zu „machen" und erlebst keine energetische Verfeinerung deiner Wahrnehmung.

Du kannst auch dein Denken beobachten. Bei diesen Meditationsübungen ziehst du dich bewusst von der Wahrnehmung, die durch deine Sinnesorgane geschieht, zurück und beobachtest, was in dir passiert. Anfangs ist es verwirrend, weil du dich immer wieder von dieser Beobachtung entfernen wirst.

Deine Wahrnehmung schweift ab und du findest dich wenig später beim Nachdenken über die Hausarbeit oder die noch zu erledigenden Dinge wieder. Im Laufe der Zeit kannst du aber immer mehr bei dieser Wahrnehmung bleiben, bis du bemerkst, dass sich die Gedanken auflösen und du in einen ungestörten und friedfertigen Zustand gelangt bist, ohne dafür etwas getan zu haben.

Für den Anfang können dir auch geführte Meditationen oder Traumreisen helfen, die deine Wahrnehmung gezielt durch einen Sprecher führen. Über die Vorstellungen von Bildern gelangst du in den wahrnehmenden Zustand, der dir dadurch zunehmend bewusst wird. Es ist hilfreich, einem anderen Menschen zuzuhören.

Dadurch bleibt deine Konzentration leichter beim Thema. Egal ob Traumreise oder Meditation - auch bei diesen Meditationsübungen wird deine Achtsamkeit von den Sinnesorganen weggelenkt und in den nichtstofflichen Raum geführt. Wodurch du zu erahnen beginnst, was möglich ist.

2.3. Was macht Meditation mit mir?

Meditation bringt dich auf eine Ebene, auf der du dich nicht mehr als physisches Objekt empfindest, sondern erkennst, dass du das bist, was deinen Körper umhüllt. Du hörst dadurch nicht auf zu existieren, keine Angst. Aber in deinem jetzigen Zustand nimmst du unter Umständen noch nicht einmal den Unterschied wahr, den du zwischen dir und den dich umgebenden Dingen machst.

Nimm dir einen kurzen Moment Zeit und bringe deine Aufmerksamkeit zu deinem Körper zurück. Reibe die Fingerspitzen aneinander. Fühle in deine Zehen, atme einmal tief ein und aus und versuche zu erleben, dass du dich beobachtest und empfindest. Oder anders gesagt - beobachte, dass du fühlst und nehme die Beobachtung selbst wahr.

Dann trittst du aus dem Gefühl und stellst dich über das Empfinden, obwohl dir nach wie vor bewusst ist, dass du empfindest. Aber es hat dich nicht mehr gefangen, sondern du hast es entdeckt. Es ist sprachlich schwierig auszudrücken, aber du erlebst dein Fühlen, während es dich sonst überkommt, wegreißt und in Handlungen verstrickt.

Dann lass die Wahrnehmung deines Körpers los und dehne sie auf ein Objekt aus. Sieh einen Stuhl an, eine Pflanze oder schau aus dem Fenster und konzentriere dich sozusagen auf deine Konzentration. Kannst du den Unterschied zur Wahrnehmung deines Körpers erkennen?

Bei der Konzentration auf deinen Körper hast du Empfindungen wahrnehmen können, Wärme und Kälte, ein Kribbeln oder Bewegungen in deinem Körper. Schaust du dagegen auf ein Objekt, bleibt alles ruhig in dir, sofern du die Sache nicht mit starken positiven oder negativen Emotionen in Verbindung bringst.

Es ist, als ob du gar keinen Bezug zu deiner Umwelt hättest. Sie umgibt dich, aber es scheint keine Verbindung zu geben. Diese hört an deiner Körperaußenseite auf. Das ist, was wir das Ego oder Ichgefühl nennen. Ausgehend von den Prägungen deiner Kindheit. Du fühlst dich als ein getrenntes Wesen, das allein inmitten einer Welt unterwegs ist.

Du hast gelernt, diesen Zustand zu empfinden. Das ist nicht dein ursprüngliches Sein. Die Anschauungen deiner Umwelt haben dafür gesorgt, dass du dich als ein getrenntes Ich empfindest. Doch Meditationsübungen werden dir dabei helfen, all das loszulassen, was du nicht bist.

Kapitel 3 – Körper, Geist und Seele

3.1. Meditationspositionen

Am bekanntesten ist die Meditationsposition des Sitzens. Die Beine sind entlastet, weil sie kein Gewicht tragen müssen. Der Körper wird aufrecht gehalten, um die Muskeln zu entspannen und den ungehinderten Fluss der Energie im Wirbelsäulenbereich zu ermöglichen. Die Hände ruhen im Schoß und die Augen sind geschlossen, um die Aufmerksamkeit im inneren Bereich verweilen zu lassen.

In dieser Position kannst du über längere Zeiträume meditieren und dich der Außenwelt komplett entziehen. Wenn das im Tagesverlauf nicht möglich ist, reichen auch einige Minuten, die du alleine verbringst. Nutze die Arbeitspause oder die ersten Minuten, wenn du nach Hause kommst. Ein Moment der Stille macht es möglich, dass sich deine Anspannungen und negativen Gefühle auflösen. Du musst den Ärger, der im Arbeitsalltag entstand, nicht mit nach Hause nehmen. Du kannst ihn mit deinem Partner teilen, aber nicht an ihm oder ihr entladen.

Das Eintauchen in den nichtstofflichen Raum verschafft dir Frieden. Jede Faser deines Körpers entspannt sich und selbst das größte Chaos erscheint leicht lösbar. Fährst du mit öffentlichen Verkehrsmitteln nach Hause, ist das eine wunderbare Gelegenheit. Statt dich von den Umstehenden genervt und gedrängt zu fühlen, kannst du deine Aufmerksamkeit von ihnen willentlich abziehen. Es braucht nur deine Entscheidung.

Du wirst sehen - sie werden sich dadurch nicht in Luft auflösen, nur weil du zu meditieren beginnst. Du verlässt lediglich das Schwingungsfeld in dir, das auf gefühlsmäßige Reaktionen aufgrund von Konditionierungen geprägt ist. "Du" bist immer noch existent und handlungsfähig. Aber von einer anderen Ebene aus.

Bevor du früh aufstehst und abends einschläfst, solltest du ebenfalls Zeit für die Meditation einplanen. Zeit, um dich und dein Sein wahrzunehmen. Schläfst du dabei ein, wird es ein guter Schlaf werden. Deine letzten Gedanken waren positiv und werden angenehme Auswirkungen zeigen.

Morgens kannst du absichtlich gute Gedanken in den neuen Tag hinausschicken. Du brauchst keine Einzelheiten zu benennen. Du kannst dir ebenso Attribute wie Herzlichkeit, Respekt, Aufmerksamkeit oder Hilfestellung vorstellen.

Deine Bitte, am heutigen Tag nützlich sein zu können, wird dir Menschen und Situationen bringen, bei denen deine Talente und Fähigkeiten gefragt sind. Auf diese Weise bekommst du Gelegenheit, du selbst zu sein und **DEIN** Leben wirklich leben zu können.

Das Meditieren kann aber auch im Laufen erfolgen. Oder an der Kasse im Supermarkt. (Beim Autofahren sollte es nicht praktiziert werden, weil du hier deine Aufmerksamkeit auf die Objekte der Straße richten und schnell agieren musst!) Selbst das Singen kann zur Meditation werden, wenn du nicht wegen der Aufmerksamkeit anderer Menschen singst.

Du musst jede Bewegung beobachten und reflektieren. Dann wird die Wahrnehmung immer weicher und plötzlich begreifst du, dass du deine eigene Beobachtung beobachtest. Dieser Vorgang lässt sich nicht durch Worte transportieren. Jeder muss es selbst erfahren. Auch ein Gefühl muss selbst gefühlt und kann nicht durch einen anderen an dich weitergegeben werden. Du musst all diese verschiedenen Ebenen in dir selbst der Reihe nach erfahren. Dann erlebst du dich als Etwas, das in diesem Raum wandeln und sich in unterschiedliche Bereiche begeben kann. Du dehnst dich aus und erfasst das zugrunde liegende Ganze. Deswegen sind Meditationsübungen so wichtig, weil sie den Raum schaffen, in dem dieses Besondere erfahrbar wird.

3.2. Mudras - Fingerpositionen

Bei einem Mudra bringst du deine Finger in eine bestimmte Position, wodurch der Energiefluss deines Körpers ausgleichend beeinflusst wird. Mudras können mit den Fingern gehalten werden, aber auch in Form von Kopf-, Körper- oder Zungenbewegungen erfolgen. Das Wort Mudra heißt übersetzt Geste, kann inhaltlich aber auch als Siegel oder Festlegung verstanden werden.

Was auf sprachlicher Ebene das Wort ist, stellt das Mudra auf energetischer und nonverbaler Ebene dar. Wie jeder Zahn mit einem entsprechenden Körperteil korrespondiert oder sich sämtliche Organe durch Akupressur der Fußsohle beeinflussen lassen, sorgen die Fingerpositionen für energetische Harmonie.

Dabei steht jeder Finger für **ein Naturelement**:

Daumen	=	Feuer
Zeigefinger	=	Luft
Mittelfinger	=	Äther
Ringfinger	=	Erde
Kleiner Finger	=	Wasser

Die Mudras unterscheiden sich durch die entsprechenden Positionen der Finger. Manchmal werden diese nur an den Fingerkuppen aufeinandergelegt. Andere Mudras erfordern das Umfassen spezieller Finger oder die Haltung der Finger in einem bestimmten Winkel.

Du kannst es mit Akupressur vergleichen, bei der du mit deinem Finger auf einen Energiepunkt deines Körpers drückst und diesen stimulierst. In deinen Fingern und Handflächen konzentrieren sich viele Energiebahnen, mit deren Energiefluss du deinen Körper beleben kannst. Lass uns ein solches **Mudra** anschauen.

Das Herz-Mudra

Lege deinen Ringfinger nach unten auf die Basis des Daumens. Damit ist die Stelle der Handwurzel gemeint, an der der Daumen "beginnt". Anschließend führst du die Spitzen von Daumen, Zeigefinger und Mittelfinger zusammen, gleichzeitig spreizt du deinen kleinen Finger ab. Jetzt richtest du deine Aufmerksamkeit auf dein Herz und atmest dabei bewusst ein und aus. Mit dieser Technik beginnt eine gestaute Herzenergie wieder zu fließen.

Du richtest dein Bewusstsein auf dein Herz und schon das schenkt diesem Lebensenergie. Weil Bewusstsein Energie ist. Durch die beschriebene Fingerposition kombinierst du verschiedene Energieflüsse, die diesen harmonischen Zustand unterstützen und stabilisieren.

Hakini-Mudra

Dieses Mudra ist dir bekannt, vielleicht nicht unter dieser Bezeichnung. Aber auch du hast diese Fingerstellung schon unbewusst praktiziert. Lege alle Fingerspitzen beider Hände aneinander und spreize anschließend die Finger. Diese Geste findest du oft bei Rednern oder Menschen, die als Lehrende arbeiten. Instinktiv nutzen Menschen, die etwas erklären, diese Handhaltung, indem sie ihre Hände mit gespreizten Fingern durch die Luft führen, um ihre Worte mit Gesten zu unterstützen.

Oft führen sie ihre Hände in dieser gespreizten Fingerposition an den Fingerspitzen mehrmals zusammen und lösen die Hände wieder voneinander. Die Handhaltung stimuliert den Fluss des Selbstbewusstseins, das notwendig ist, um seine Ansichten öffentlich zu vertreten.

Gleichzeitig wird das Zusammenspiel der rechten und linken Gehirnhälfte angeregt, die Konzentrationsfähigkeit verstärkt und die Merkfähigkeit unterstützt. Du kannst Mudras während deiner Meditationsübungen einbauen. Sitzt du in der Stille, kannst du die einzelnen Fingerpositionen ausführen und damit den Energiefluss in deinem Körper verstärken.

Diese Übungen sind auch deshalb so beliebt, weil sie sich ganz einfach in deinen normalen Tagesablauf integrieren lassen, ohne dass es bemerkt wird. Wenn du zur Arbeit fährst, die Kinder abholst, beim Einkaufen bist oder ein Buch liest und die Hände frei hast, kannst du diese Fingerübungen machen.

Sie verhelfen dir zu Ausgeglichenheit, beruhigen deinen Kreislauf und unterstützen einzelne Organe. Du bist ein geistiges Wesen, das einen Körper bewohnt. Mudras helfen dir dabei, diesen gesund zu erhalten, um das Leben zu führen, das in dir aufgeschrieben ist.

3.3. Chakren - Energiezentren

Dein Körper besteht aus Energie. Was du als deinen physischen Körper empfindest, ist die Wahrnehmung deines Körpers durch die Sinnesorgane. Auf dieser Ebene erscheint er dir fest, in Wahrheit ist auch er nur ein Energiewirbel, der auf verschiedenen Ebenen erfasst werden kann. Auf der feinstofflichen Ebene wird dein Körper durch Energieströme gebildet, die als Knotenpunkte unzählige von Energiezentren bilden und als Chakren bezeichnet werden.

Sieben dieser Chakren sind von besonderer Bedeutung und werden vor allem in der chinesischen Medizin berücksichtigt. Sie verteilen sich über den gesamten Körper und wirken in ständiger Rotation, wodurch Energie in ihr Inneres gezogen wird.

Jedes Chakra verbindet sich mit einer Farbe, korrespondiert mit bestimmten Körperorganen und ist der Sitz unterschiedlicher Emotionen. Die unteren Chakren arbeiten mit einer langsameren Schwingung, da sie sich vorwiegend auf den stofflichen Bereich beziehen.

Die oberen Chakren wirken im spirituellen Bereich und sorgen dafür, dass der Mensch seine geistigen Fähigkeiten entwickeln und ausdrücken kann.

Schwingen alle Chakren ihrer Bestimmung gemäß in der richtigen Frequenz, arbeiten Körper, Geist und Seele harmonisch miteinander.

Durch Gefühle wie Wut, Angst, Frustration oder Hilflosigkeit verringern wir die Schwingungsfrequenzen der Chakren und sorgen damit für Symptome auf allen drei Ebenen.

Auf dem Weg zu deiner inneren Mitte wirst du mit diesen Blockaden konfrontiert und musst dich den Ursachen stellen. Damit du im Herzen und auf körperlicher Ebene gesunden kannst.

Die 7 wichtigen Chakren

Die bekanntesten Chakren werden mit folgenden Namen bezeichnet:

- Wurzel-Chakra
- Sakral-Chakra
- Nabel-Chakra
- Herz-Chakra
- Kehlkopf-Chakra
- Stirn-Chakra
- Kronen-Chakra

Dabei arbeitet das Wurzel-Chakra mit einer geringen Schwingungsfrequenz, die sich aufsteigend bis zum Kronen-Chakra erhöht. Im Folgenden erhältst du eine Kurzfassung über die wichtigsten Merkmale der 7 Hauptchakren.

1. Chakra - Wurzel-Chakra

Ihm ist die Farbe Rot zugeordnet. Das Energierad befindet sich am Damm zwischen dem Anus und den Geschlechtsorganen. Das 1. Chakra wirkt auf die Funktion des Riechens, wird dem Element der Erde zugeordnet und hat mit Themen wie physische Sicherheit, Stabilität und Erdung in der materiellen Welt zu tun.

Seine Energien korrespondieren mit der Wirbelsäule, Zähnen und Knochen, den Nebennieren, dem Darm und beeinflussen das Blut sowie den Zellaufbau.

Ist dieses Chakra blockiert, kommt es zu Blutdruck- und Gewichtsproblemen, Darm- und Knochenerkrankungen, Existenzängsten, Trägheit und ausgeprägtem Materialismus.

2. Chakra - Sakral-Chakra

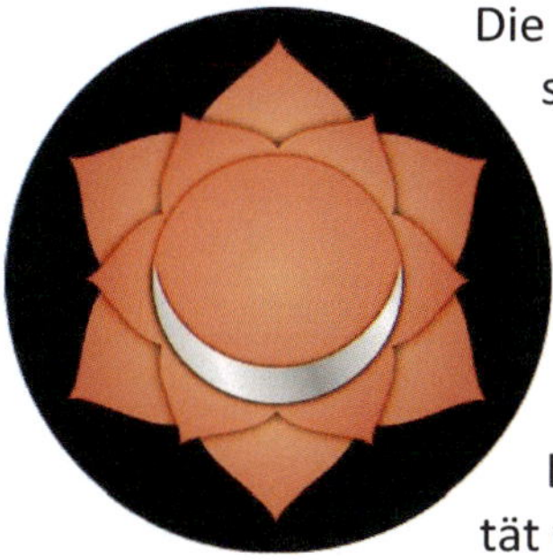

Die Farbe Orange steht für das 2. Chakra, das seinen Sitz oberhalb der Geschlechtsorgane hat und dem Element Wasser sowie der Sinnesfunktion des Schmeckens zugeordnet ist. Auf dieser Ebene werden Themen wie Lebensfreude, Emotionen und Sexualität ausgedrückt. Blut, Verdauungssäfte, Lymphe und Sperma hängen in ihrer Qualität von diesem Chakra ab.

Außerdem wirkt dieser Energiepunkt auf Bauchmuskeln, Zunge, Kreuzbein, Keimdrüsen, Eierstöcke, Geschlechtsorgane, Hoden und den Beckenraum einschließlich Hüfte. Dysfunktionen dieses Chakras rufen Aggressionen, Süchte, Traurigkeit und Wut hervor. Ein ausgeglichenes Energiezentrum bewirkt dagegen die Entwicklung des Selbstwertgefühls und sorgt für emotionale Ausgeglichenheit.

3. Chakra - Nabel-Chakra

Diesem Chakra wird die Farbe Gelb zugeordnet. Es befindet sich zwischen dem Brustbein und dem Nabel und wird auch als Solarplexus bezeichnet. Diese Energie wirkt auf das Sehen, repräsentiert das Element Feuer und steht mit Themenbereichen wie Durchsetzungsvermögen und Willenskraft in Verbindung.

Sie beeinflusst die Bauchhöhle, das Verdauungssystem und den Rücken, Leber und Milz, den Magen sowie das vegetative Nervensystem und die Bauchspeicheldrüse. Wird dieses Chakra blockiert, entstehen Ruhelosigkeit, Unzufriedenheit, Kontrollzwang sowie Rücksichtslosigkeit. Die stark verbreitete Ich-Bezogenheit hat genau hier ihren Sitz. Ein ausgeglichenes Nabel-Chakra sorgt hingegen für inneren Frieden, Gelassenheit und Harmonie für Körper und Geist.

4. Chakra - Herz-Chakra

Grün und rosa symbolisieren die Farbe des Herzens. Grün steht für die Hoffnung und Rosa für Heilung, Herzenswärme und Liebe. Das Chakra hat seinen Sitz in Herzhöhe und ist mit dem Tastsinn verbunden. Es symbolisiert das Element Luft und steht für Liebe, Hingabe, Verbindung und die Fähigkeit, Nähe aufzubauen. Da es in Herzhöhe sitzt, hat es direkten Bezug zum physischen Herzen.

Auch der untere Lungenbereich, das Kreislaufsystem, die Thymusdrüse und die Haut werden von diesem Chakra beeinflusst. Entstehen in diesem Energiezentrum Blockaden, äußern sich diese in Form von Zweifel, Unsicherheit, Depressionen, Negativität und dem Gefühl, von allem getrennt zu sein. Ein harmonisches Herz-Chakra beschert dir dagegen eine herzliche und optimistische Ausstrahlung, Mitgefühl und Hilfsbereitschaft sowie Zuversicht und ein dich wärmendes Herzgefühl.

5. Chakra - Kehlkopf-Chakra

Dieses Chakra befindet sich zwischen Halsansatz und Kehlkopf, weist eine hellblaue Farbe auf und hat mit deiner Kommunikation zu tun. Es wird dem Element Äther zugeordnet und wirkt daher im feinstofflichen Bereich. Themen wie Wahrheit, Kreativität, Klarheit und Kommunikation haben hier ihren Ursprung. Auf der körperlichen Ebene wirkt dieses Chakra im Bereich der Ohren, Stimmbänder, Bronchien, Speiseröhre, Schilddrüse und auf den Hals, Nacken sowie den Kiefer.

Verhaltensweisen wie Verschlossenheit und Schüchternheit, ein angepasstes Verhalten oder selbstgewählte Isolation entstehen, wenn dieses Chakra nicht in seinem vollen Potential schwingen kann. Bei einer harmonischen Arbeitsweise wirst du erfahren, dass du kommunikationsfähig, inspiriert, unabhängig, ausdrucksfähig, selbstbestimmt und integer bist.

6. Chakra - Stirn-Chakra

Es wird auch das "Dritte Auge" genannt und sitzt zwischen den Augenbrauen. Ihm werden die Farben Dunkelblau bis Lila, die Fähigkeit des Sehens sowie Themen wie Spiritualität, Intuition und geistige Einsichten zugeordnet. Das Chakra wirkt auf Augen, Ohren, Nase, Nebenhöhlen, Hypophyse, das Zentralnervensystem und das Kleinhirn. Gibt es an diesem Bereichen Blockaden, äußern sich diese im Alltagsleben als Realitätsverlust, Kopflastigkeit und einem Gefühl von Entfremdung.

Ist dieses Chakra geöffnet und schwingt mit seinem vollständigen Potential, hat der Mensch eine hohe Bewusstseinsstufe erreicht, besitzt einen wachen Verstand, ist fest in der Spiritualität verwurzelt und lebt seine Phantasie zum Wohle aller Menschen aus.

7. Chakra - Kronen-Chakra

Das 7. Chakra hat seinen Sitz am Scheitel des Kopfes. Entwickelt es sein volles Potential, geht es um Themen wie Erleuchtung, Heimkommen und das Finden der inneren Quelle. Das Chakra steht auf der körperlichen Ebene in Zusammenhang mit der Zirbeldrüse und dem Großhirn. Sind diese Bereiche gestört, erlebt der Mensch Verunsicherung und Ziellosigkeit.

Mit der vollständigen Öffnung dieses Chakras endet die Suche des Menschen. Hier findet er vollkommenes Verstehen und die Verbindung mit der göttlichen Realität. Hier ist sein Zuhause. Der Anfang und das Ende seines Weges.

Kapitel 4 – Die ersten Erkenntnisse

4.1. Jenseits vom Verstand ist die Quelle

Der Verstand entspringt in begrenzter Form der Unendlichkeit. Deswegen wirst du das Leben niemals mit dem Verstand erfassen oder erklären können. Du wirst die Quelle berühren und in sie eintauchen, aber selbst wenn das geschehen ist, wirst du keine Worte dafür haben. Du weißt dann, dass du das Unnennbare erfahren hast, trotzdem kann es keiner verstehen, der den Anfang nicht selbst berührt hat.

Du wirst genau spüren, wer diese Dinge bereits erlebte und wer nicht. Es ist eine Art stiller Kommunikation, ein Berühren auf energetischer Ebene, das dir die Geschichte des anderen erzählt. So etwas passiert in den Momenten, in denen du einem Menschen im Vorbeigehen in die Augen blickst und einen warmen Hauch in deinem Herzen spürst. Ein magischer Moment des Erkennens außerhalb der grobempfindlichen Sinnesorgane.

In unserer heutigen Welt wurde bisher kaum Wert darauf gelegt, dein ganzheitliches Wesen bei seinem Wachstum zu unterstützen. Ein System ist nicht an deiner Befindlichkeit interessiert. Gesellschaftliche Strukturen beinhalten eigene Spielregeln, an die sich Menschen zu halten haben.

Deswegen ist keiner an deinem Menschsein interessiert, sondern wird ständige Integration von dir erwarten. Die erwachsene Generation kennt es auch gar nicht anders. Deswegen hat die nachfolgende Generation nur dann eine Chance, wenn viele Menschen durch schwierige Situationen an den Rand ihrer Möglichkeiten gebracht werden.

Das persönliche Ich wurde aus den Sichtweisen anderer Menschen geformt, die ihre Begrenzungen an die Kinder weitergaben. Gesellschaftliche Veränderungen und persönliche Herausforderungen verlangen im späteren Leben konkrete Handlungsweisen, die der Mensch aufgrund von Begrenzungen meist nicht ausleben kann. Mit dieser Strategie entwickelt sich das Leben, das erst nach dem Erwachen aus fremden Ansichten sichtbar wird.

Du bist fremdbestimmt. Dein Selbstbewusstsein existiert noch unter all den Konditionierungen. Aber du kannst es nicht ausdrücken, weil dich anerzogene Verhaltensmuster leiten und dirigieren. Wer von dir erwartet, dass du dich selbstbewusst verhalten sollst, hat sich selbst weit vom Leben entfernt. Denn du kannst nicht selbstbewusst sein, wenn du fremdbestimmt aufgewachsen bist.

Eltern und Betreuungspersonen haben ihre eigenen Ängste, Unsicherheiten und ihr Abhängigkeitsgefühl auf dich übertragen. Sie haben in einer Weise gelebt und gehandelt, die dir gezeigt hat, dass ihr Leben von den äußeren Umständen abhängig ist. Du hast ihre Ansichten und Werte in dich aufgenommen und bist zu einer Miniaturausgabe dieser Menschen geworden.

In der Pubertät entsteht erstmalig eine wunderbare Möglichkeit, die Verantwortung selbst zu übernehmen. Wenn es erkannt und umgesetzt wird. Es ist die Zeit, in der physisch und geistig ein weiterer Energiestrom zugeschaltet wird, um dem heranwachsenden Kind die Möglichkeit zur Abnabelung zu geben. In unserer Gesellschaft geht niemand auf diesen wertvollen Moment ein. Selbstbewusstsein kann nicht durch irgendeine Handlung entstehen.

Es fließt die ganze Zeit durch dich hindurch, doch du hast gelernt, es zu blockieren. Genau das sind die Anfänge der Meditation. Durch Meditationsübungen wird dir die Erfahrung geschenkt, dass du alles, was du tun möchtest, still und leise boykottierst.

Warum?

Weil du schon in den ersten Lebenstagen erfahren hast, dass das, was aus dir kommt, anscheinend nicht richtig ist. Die Welt nennt es das „Einfügen in einen Rhythmus". Vom Leben ist das aber nicht vorgesehen. Der ursprüngliche Lebensrhythmus musste einem gesellschaftlich strukturierten Tagesablauf weichen. Erziehung bedeutet in diesem Zusammenhang, Kindern adäquates Verhalten anzutrainieren. Das bedeutet, dass du dich in einen vorgegebenen Ablauf einzufügen hast.

Früher wurde das Umfeld so gestaltet, dass es den menschlichen Bedürfnissen entsprach. Der Mensch ging dorthin, wo er Nahrung und Unterkunft fand.

Heute erschaffen wir ein Profit- und leistungsorientiertes Umfeld und zwängen Menschen dort hinein. Mit der Erwartung, dass sie sich mit ihrem Handeln und Fühlen diesen Vorgaben anpassen. Wir verurteilen das Leben zum Tod und werden daran sterben, denn der Anfang ist das Leben, nicht der begrenzte Mensch.

Unser Leben basiert nicht mehr auf echtem Wissen, sondern auf Informationen. Aussagen über bestimmte Dinge der Welt, die sich regelmäßig ändern. Du kennst sicher den Satz, dass „Wissen Macht ist". Und dass damit die Notwendigkeit von Schulen begründet wird. In der Schulzeit hast du nichts über das Wissen erfahren.

Alles Gelernte wird dir in deinem Leben nicht helfen. Im Gegenteil - deine Konditionierungen wurden weiter gefestigt.

In diesem Umfeld hast du "gelernt", dass der Stärkere auf Kosten des Schwächeren siegt. Dass es normal ist, sich ungeliebt zu fühlen, weil du den Tag an einem Ort des Leistungsdrucks und der Konkurrenz verbringst. Du hast sogar gelernt aufzugeben. Denn dir wurde erzählt, dass dein späteres Leben nur dann gut und erfolgreich sein wird, wenn du gute Noten hast.

Hast du in der Schule nur im Mittelfeld gelegen, wurden deine Möglichkeiten schon damals beendet. Denn als Kinder glauben wir den Aussagen Erwachsener. Niemand hat dich gelehrt, dass du etwas Einzigartiges bist. Nicht aus Überheblichkeit oder Arroganz heraus. Sondern weil es die Wahrheit ist. Wer hat dir gesagt, dass du alles sein kannst, unabhängig von deinem Schulzeugnis oder deinem Kontostand?

War es nicht eher so, dass du jeden Tag von neuen Begrenzungen und Unmöglichkeiten zu hören bekamst? Dass man bei kaltem Wetter krank wird oder kein Geld mehr hat, wenn der Arbeitgeber den Job streicht.

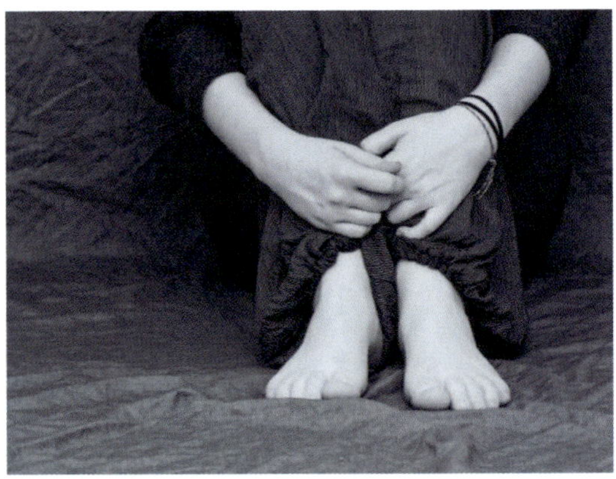

Diese Ansichten hast du übernommen und sie haben sich dir tief eingeprägt. Fremdes Bewusstsein hat von dir Besitz ergriffen. Du wurdest nicht einmal vor die Wahl gestellt. Deine Welt entstand aus dem Denken anderer Menschen. Sie ist nicht dein zu Hause und kann es auch niemals sein.

Deswegen fühlst du dich oft leer und allein gelassen. Weil Menschen dich nicht sehen, wie du wirklich bist. Durch deine Erziehung hast du gelernt, dein wirkliches Wesen zu verbergen und die meisten Menschen wissen intuitiv, dass dem so ist.

Du sehnst dich nach dir selbst und weißt es nicht. Doch das Leben hält die ganze Zeit seine Hand über dich. Es umgibt dich mit den richtigen Menschen, wobei richtig nicht immer angenehm bedeuten muss. Durch äußere Umstände wird an den Begrenzungen deines Fremdbewusstseins gerüttelt. Du wirst mit Unmöglichkeiten konfrontiert und musst hier einsehen, dass du an deine Grenzen stößt. An die Grenzen derer, die dir ihr Denken übertragen haben.

Menschen, die sich auf den Weg machen, werden kein bequemes Leben haben. Freiheit und Frieden sind nur erfahrbar, wenn alle Grenzen verschwunden sind. Manchmal wird dieser Weg auch Angst machen, denn du musst andere Verhaltensweisen an den Tag legen als bisher.

Es wird dich Ansehen, Macht und Freundschaften kosten, wenn du aus deinen Grenzen ausbrichst. Freunde, die ähnlich denken, werden mitziehen. Aber es wird auch Momente geben, in denen du alleine stehen wirst. Aber es geht nicht anders.

Wenn du Meditationsübungen praktizierst, teilst du dem Leben damit deine Bereitschaft mit, auf alle Grenzen verzichten zu wollen, damit es dich in ganzem Ausmaß durchfließen kann. Es wird das Unmögliche zur Realität machen und dich zu eigenen Entscheidungen aufgrund deiner Intuition befähigen.

Dein auf äußeren Umständen basierendes Wissen wird dem Platz machen, was wirkliches Wissen ist und das direkt aus der Lebensquelle kommt. Im Gegensatz zu den Informationen, die aus dem Verstand kommen, ist es unbegrenzt und bietet für jede Situation die richtige Lösung. Weil es die Geschehnisse in der Zukunft erfasst, die auf den Gedanken von heute beruhen.

Deswegen zeigt sich dir das Leben manchmal in intuitiver Form. Eine Ahnung, von der du nicht weißt, woher sie plötzlich kommt. Ein Anruf genau im richtigen Moment. Ein Film, der dein aktuelles Thema aufgreift und helfen kann. Ein Wort im Vorbeigehen oder eine Geste, die dich zum Lächeln bringt.
Wissen ist keine Form und kein Objekt. Wissen ist die Energie, die dich in jedem Moment mit den Gedanken, Menschen und Dingen versorgt, die du brauchst. Sie bewirkt die Erkenntnis, dass du:

- zwar das Produkt deiner Eltern bist, sie aber nicht dein Anfang sind
- frei von jedem Umstand über deinen Lebensausdruck entscheiden kannst
- in Wahrheit keiner Beschränkungen unterworfen bist, es sei denn, du akzeptierst sie freiwillig
- alles haben kannst, was du für ein erfülltes Leben brauchst
- in jeder Situation entscheiden kannst, ohne fremdbestimmt zu sein

Was wir den Verstand nennen, ist die Sammlung aller Erfahrungen, die du bisher gemacht hast. In jeder Situation wird dein Denken versuchen, aus den Erfahrungen diejenigen hervorzukramen, die der aktuellen Situation ähneln. Um dich in entsprechender Weise handeln zu lassen. Es liegt auf der Hand, dass sich damit nicht weit kommen lässt.

In deinem Leben könnte sich kaum etwas verändern, wenn nur auf bekannte Strukturen zurückgegriffen wird. Und genauso läuft das Leben der meisten Menschen ab.

Beruf, Partnerschaft, Kinder - alles gut durchgeplant. Ein Programm ist entstanden, das dauerhaft wiederholt wird. Am Anfang mag sich das Leben aus dem Verstand sicher anfühlen, weil es vertraut ist und sich kontrollieren lässt.

Dabei entsteht ein schwerwiegendes Problem - du hörst auf, nach weiteren Möglichkeiten zu fragen und richtest dein Leben innerhalb der Möglichkeiten ein, die dein Verstand gespeichert hat. Triffst du dann auf Herausforderungen, bei denen du neue Handlungsmöglichkeiten, Fähigkeiten oder Talente bräuchtest, wirst du sagen, dass du das nicht kannst. Du bist in deinem Aktionsradius begrenzt. Veränderungsmöglichkeiten gibt es nicht mehr.

Das Leben der meisten Menschen gestaltet sich auf diese Weise. Kaum einer stellt diesen Kreislauf in Frage und sucht nach einem Ausweg. Die, die es tun, werden als Idealisten hingestellt, was umgangssprachlich als Spinner gewertet werden kann.

Lebst du dein Leben ausgehend von den Ansichten anderer Menschen, die dich geprägt haben, kommst du an Grenzen. Das Leben stellt dich vor Aufgaben, die Wissen erfordern. Wissen kommt nicht aus dem menschlichen Verstand.

Wenn du leben willst, musst du alle Erinnerungen in diesem Moment über Bord werfen, verletzlich sein und dir sagen, dass du die Antwort oder Lösung kennst. Aber nicht aus deinem Ego stammend. Nicht eine Handlung wiederholend, die zu einer Situation in der Vergangenheit gehört. Jeder Moment hat seine eigenen Worte, eigene Gesten und eine individuelle Handlung. Wiederhole nicht die Vergangenheit.

Dadurch entsteht in dir das Gefühl, dass etwas nicht stimmt. Dass es anders sein müsste, als es abläuft. Weil dem auch so ist. Du kannst die Vergangenheit nicht in der Gegenwart erleben. Damit versuchst du, eine einmalig ablaufende Situation zum wiederholten Mal zu erinnern und zu erleben.

Mit dem Ergebnis, dass du frustriert bist. Alles geschieht nur ein einziges Mal in diesem Universum. Eine erste Begegnung ebenso wie die letzte. Jeder Moment bekommt naturgegeben seine eigene, unverwechselbare Form. Richtest du deine Aufmerksamkeit auf diese Wahrheit, wird es dir immer deutlicher bewusst. Weil das, worauf du deine Achtsamkeit richtest, zum Leben erwacht.

4.2. Genau JETZT ist das Ziel

Mit den vorangegangenen Gedanken lässt sich auch verstehen, dass es kein Ziel gibt, sondern nur einen Weg. Solange du auf die Wahrnehmung von Formen und Ergebnissen konditioniert bist, wanderst du von einer Erfahrung zur nächsten. Es gibt einen kurzen Moment des Glücks, wenn sich ein Wunsch erfüllt. Doch schon im nächsten Moment kommt diese Unruhe auf, weil dein Verstand den Moment zu füllen versucht. Durch einen neuen Wunsch oder eine neue Ablehnung.

So bist du dein ganzes Leben auf der Wanderschaft, ohne jemals ans Ziel zu kommen. Sehr sensible Menschen erfassen diese Sinnlosigkeit sehr schnell und quälen sich von diesem Zeitpunkt an durch den Alltag. Mit jedem Moment wird klarer, dass im Inneren zwei Programme ablaufen.

Das, was sein sollte und das, was sein muss. Wenn du zu den Menschen gehörst, bei denen die kindliche Konditionierung sehr stark und sehr früh eintrat, wirst du dich mit dem Leben und den Umständen arrangieren.

Du wirst akzeptieren, dass dein Leben aufgrund der vorhandenen finanziellen Mittel eingerichtet wird. Du wirst viele Dinge und Möglichkeiten aussortieren und nie wieder in Betracht ziehen.

Und dir selbst rational begründen, warum das so sein muss. Du wirst wenig von dem spüren, was sich unter deinen Mustern abspielt. Deine Intuition immer zum Schweigen bringen und lächelnd die Menschen betrachten, die das scheinbar Unmögliche wollen.

Wenn du aber in dieser inneren Zerrissenheit lebst, die dir in jeder Situation eine äußere und innere Wahrnehmung anbietet, dann lebst du noch. Dann bist du auf dem Weg und jeder Augenblick der Stille wird dich lehren. Du fragst nicht mehr nach deinem Verstand, der nur aus Vergangenem besteht.

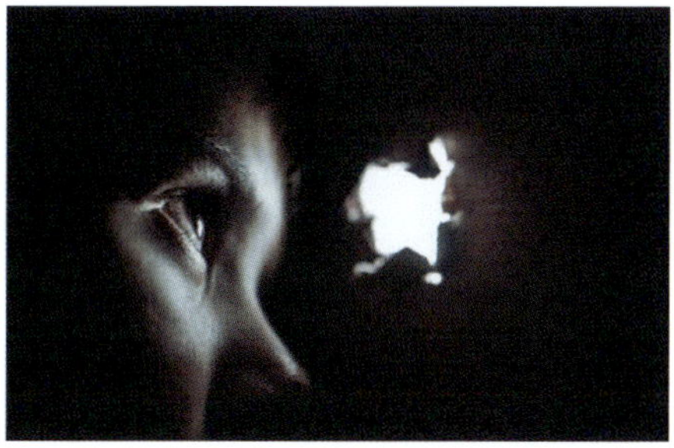

Du spürst, dass da eine Lücke ist, die den einen Moment mit dem anderen verbindet. Ein Moment des Nichts, aus dem alles neu geboren wird. Du spürst in jedem Moment den ersten Impuls, der aus dir selbst geboren wird.

Kurz danach wirst du dich innerlich gezwungen fühlen, diesen zu verwerfen. Dein Verstand meldet sich und rückt die Situation in ein Licht, das deinen erlernten Mustern entspricht und dich zu den entsprechenden Handlungen treibt.

Bist du dabei aufzuwachen, spürst die Schwere dieser Situation. Es ist ein Kampf, der noch von deinem Verstand gewonnen wird, aber darunter kannst du die Wahrheit spüren. Dieser Zustand kann frustrierend sein, weil du innerlich die perfekte Situation vor Augen hast und im Außen meist das Gegenteil erlebst. Aber auch das ist nur eine Stufe auf dem Weg zurück zu dir.

Die Vergangenheit wird immer schwächer, sodass das **Jetzt** von Tag zu Tag mehr durchscheinen kann. Was ist das **Jetzt**, von dem so viel gesprochen wird? Warum musst du es suchen, wenn du doch jetzt in diesem Moment lebst?

Weil du zwar anwesend, aber nicht hier bist. Du glaubst, dass du hier bist. Aber was wirklich hier ist, ist nur eine Zusammensetzung von Ansichten anderer Menschen, innerhalb derer du dich bewegst und die du sichtbar machst. Du bist noch gar nicht geboren.

Meist sind es dramatische Ereignisse, die dich in die Realität und den jetzigen Moment holen. Ein Todesfall in der Familie, der Verlust des Arbeitsplatzes oder die Trennung vom Partner sind Situationen, für die dein Verstand keine Lösung bieten kann. Er ist handlungsunfähig und damit bist du zum ersten Mal im Hier und Jetzt.

Normalerweise verbringst du deine Gegenwart mit der Erinnerung der Vergangenheit oder im Schwelgen der Zukunft. Doch beide kommen nie. Vergangene Situationen geschehen in ihrer speziellen Art und Weise und lassen sich nicht wiederholen. Und was du Zukunft nennst, ist eine Gegenwart, in der du Bilder zeichnest.

Die meisten Menschen verbringen ihr Leben mit Warten auf einen zukünftigen Moment, der besser sein sollte, als der gegenwärtige Augenblick. In jedem Augenblick bereiten wir uns auf etwas vor, das kommen soll oder widerstehen den Dingen, die uns gerade umgeben. So, wie es jetzt ist, scheint es nie gut zu sein. Nie ist das **Jetzt** perfekt.

Viele Menschen verstehen Meditationsübungen dahingehend, dass diese ihnen helfen, das unvollkommene Jetzt zu akzeptieren, wie es ist. Durch diesen Gedanken kommt Zwang auf und was erreicht werden soll, wird nie erlangt. Wenn du die sichtbare Form eines Augenblicks nicht magst, ist das identisch mit dem Fühlen von Widerstand. Und Ablehnung ist etwas anderes als Hingabe an den jetzigen Moment.

Das Jetzt umfasst die Formen und akzeptiert sie in ihrem jeweiligen Erscheinen. Auch wenn es nicht die Dinge sind, die du wolltest, bist du trotzdem imstande, sie zu akzeptieren.

Wir denken oftmals, dass ein Akzeptieren bedeutet, dass wir der unvollkommenen Form zustimmen, die in unserem Leben erschienen ist. Und dass diese darauf für immer bleibt und sich nicht auflöst. Doch dem ist nicht so. Lass mich dir ein Beispiel geben:

Angenommen, jemand erzählt negative Dinge über dich und zieht hinter deinem Rücken über dich her. Was macht das mit dir? Aller Wahrscheinlichkeit nach wirst du wütend. Weil der andere Mensch Unrecht hat und Lügen über dich verbreitet.

Du bist sauer und würdest diesen Menschen am liebsten zur Rede stellen. Je nach Temperament ärgerst du dich einen Tag darüber und legst es dann beiseite.

Die Mehrheit wird aber in solch einer Situation jede Möglichkeit nutzen, um sich bei anderen Menschen über das entstandene Unrecht zu beschweren. Um sich durch die Zustimmung zu nähren.

Was ist in diesem Moment passiert und wie sieht das Jetzt eigentlich aus. Es gibt dich und den anderen Menschen. Und dieser macht eine Aussage über dich, die deiner Meinung nach nicht zutrifft. Frage Nummer eins: warum trifft dich das so? Wenn jemand einen Satz sagt, sollte man das zulassen können.

Spricht jemand schlecht von dir, kannst du die negativen Energien aufnehmen und selbst wütend werden oder du bleibst im Jetzt und bei dem, was ist. Jemand hat etwas Negatives über dich gesagt. Nimm wahr, dass eine Emotion hochkommt. Wut. Frustration. Enttäuschung. Warum kommen diese Gefühle an die Oberfläche?

Weil du Erwartungen hast.
An dich.
An andere.

Wenn du vom anderen enttäuscht bist, war eine Erwartung im Spiel. Du hast von ihm oder ihr etwas Konkretes erwartet. Und das wurde nicht erfüllt. Das macht dich traurig, ärgerlich und sogar wütend. Du willst dich sogar revanchieren, um dich wieder gut zu fühlen.

Dazu musst du den anderen Menschen kleiner machen als dich selbst. Schon wieder eine Erwartung. Worum ging es ganz zum Anfang?

Darum, dass jemand etwas über dich gesagt hat. Das war alles.

Und du hast **reagiert**.

Wegen einer Aussage kam ein ganzes Lawinenfeld ins Rollen. Warum? Weil du die Ansichten des anderen Menschen ernst genommen und auf dich bezogen hast. Du bist nicht du geblieben, sondern aus der Situation geflohen. In deine Gefühle und deine Gedanken über die Situation, fort vom Jetzt.

Normalerweise gab es da nur den Moment, in dem ein Mensch dem anderen etwas sagte. Nicht mehr. Dann wurde alles Schritt für Schritt von deinem Ich aufgebauscht.

Du hast dich aufgeregt und möglicherweise bei jedem Besucher erneut die Möglichkeit ergriffen, von deiner ungerechtfertigten Behandlung zu erzählen. Was wäre passiert, wenn du bei dir geblieben wärst?

Du wärst auf das Zuhören konzentriert gewesen und hättest den Vorwürfen vielleicht keine Aufmerksamkeit geschenkt. Du hättest dir die Aussage angehört und dann im Stillen festgestellt, dass sie aus dem Mund deines Gegenübers kommt.

Sie hat ursprünglich gar nichts mit dir zu tun. Es sind die Worte eines anderen. Du kannst sie dir anziehen und damit zur Re-aktion gezwungen sein.

Du kannst dich aber auch darin üben, in solchen Momenten deine Wahrnehmung vom Inhalt der Worte und Gesten zurückzuziehen. Du kannst dir selbst laut oder leise sagen, dass du ein Leben in Freiheit wählst.

Dass du nicht auf diese Aussagen anspringen wirst. Es ist wie bei Zensuren, die von einem Lehrer gegeben werden. Sie haben nichts mit dir zu tun. Sie sind die Beschreibung einer Momentaufnahme und die Sichtweise eines Lehrers. Normalerweise würde uns eine schlechte Note Angst machen und wütend stimmen.

Aber das braucht es nicht. Du hast, wie jeder andere Mensch, all deine Fähigkeiten zu hundert Prozent in dir. Niemand kann sie dir nehmen. Die Frage ist, ob du ein Umfeld hast, indem du dich damit ausdrücken kannst.

Bringst du eine Leistung und jemand anderer wertet sie ab, wirst du mit seiner Sichtweise von dir konfrontiert. Aber du musst seine Gedanken über dich nicht annehmen. Dein Moment entsteht aus deinem Herzen, nicht aus den Ansichten anderer.

Du kennst sicher die Aussage, dass der Weg das Ziel ist. Dass es in Wahrheit kein irgendwo entfernt liegendes Ziel gibt, das du durch eine Anzahl von Handlungen erreichen kannst. Wenn dem so wäre, was wäre mit dem Rest deines Lebens?

Wenn es sich darum drehen würde, irgendwann dieses Ziel zu erreichen, welche Bedeutung hätte dann dein ganzes Leben?

Nur ein Augenblick wäre wichtig und alles davor der Kampf, es zu erreichen? Du weißt, dass das nicht sein kann. Weil du in deinem Leben immer wieder Momente hattest, in denen das Licht schien.

Wenn du in die Augen eines Säuglings blickst, passiert etwas mit dir. Deckst du abends deine Kinder zu, die dir den Tag lang den letzten Nerv geraubt haben, passiert etwas mit dir. Es geschieht, wenn du eine Aufgabe gut gemeistert hast und jemand dir auf die Schulter klopft.

Wenn du spazieren gehst und einem Schmetterling deine ganze Aufmerksamkeit schenkst. Wenn eine Katze unter deinen streichelnden Berührungen sanft zu schnurren beginnt oder du beim Fahren den Sommerwind im Gesicht spürst.

In diesen Momenten erlebst du das **Jetzt** in seiner ganzen Schönheit. Dein Verstand hat es noch nicht ergriffen und verändert. Noch ist nichts aus deiner Erinnerung und deinen Erwartungen hinzugefügt worden, sodass dir dieser Moment klar und voller Leichtigkeit erscheint.

Du spürst ohne Grund ein Lächeln auf dem Gesicht. Dein Herz öffnet sich und du umarmst innerlich die ganze Welt. Alles Schwere ist für einen Moment von dir abgefallen und was dich vorher an Problemen belastet hat, scheint verflogen.

Die Umstände sind noch gleich, aber die Einstellung ihnen gegenüber - die Ängste und Befürchtungen mit ihrer niederdrückenden Energie - hat sie verändert.

Das ist das „Ziel“, das du intuitiv suchst. Etwas in dir weiß, dass jeder Moment so geschaffen ist. Es sollte sich jeden Augenblick so leicht und frei anfühlen, damit du dich für die richtige Handlung entscheiden kannst.

Deine Ängste und Blockaden behindern dich dabei. Sie drängen dir Gedankenmuster auf, die dir von Mangel und Unmöglichkeit erzählen. Dementsprechend fallen deine Handlungen aus, die dich wiederum unzufrieden machen.

Was du im Herzen trägst, wird sich auch in deinem Tun widerspiegeln. Wenn du unglücklich bist, kannst du keine erfolgreichen Dinge in die Wege leiten. Und wenn du glücklich bist, kannst du niemandem wehtun. Das ist die einfache Wahrheit.

Die Frage ist nur, wo du dich in jedem Augenblick mit deiner Aufmerksamkeit befindest. Welcher Dinge bist du dir in der jeweiligen Situation bewusst. Diese Tatsache wird entscheiden, ob du dich in deiner Vergangenheit oder im Jetzt befindest.

4.3. Bewusstes Handeln

Damit sind wir beim bewussten Handeln. Bisher schlafen wir, auch wenn uns selbst das nicht bewusst ist. Du bist in einer Konditionierung aufgewachsen, die du nicht als solche erkannt hast. Deswegen hast du nicht nach anderen Dingen gefragt. Da ist nur dieses Empfinden, dass etwas nicht stimmt. Dass es anders sein müsste. Dass irgendetwas noch kommen müsste.

Wenn du anfängst, bewusst zu leben, stellen sich diese Veränderungen ein. Aber was heißt es, bewusst zu handeln?
Es bedeutet, dass du bei jeder Entscheidung im Vorfeld in dich hinein spürst, um zu erfühlen, was für diesen Moment richtig ist. Du kennst das alles schon - oftmals ist nämlich dein erster Impuls ein anderer als das, was du anschließend wirklich tust oder sagst.

Das bedeutet, dass du nicht du selbst bist und demzufolge nicht im Jetzt lebst. Dieses „Jetzt" existiert für jeden Moment in einer ganz bestimmten Form, die dir durch den ersten und intuitiven Impuls nahegebracht wird. Aber du hast die Wahl - Menschsein bedeutet, dass du frei entscheiden darfst, welchem Impuls du folgst.

Bewusstsein bedeutet umgangssprachlich, dass dir die Hintergründe einer Situation klar sind und du weißt, was zu tun und zu lassen ist. Du kennst die Wahrheit über diese Situation. Ein Beispiel dazu:
Jemand ist wütend auf dich, weil du keine Zeit für ihn hast.

Du hast jetzt die Wahl:

1. Du übernimmst seine Wut, die im Raum steht und bist sauer, weil dein Gegenüber deine Entscheidung nicht akzeptiert. Du fühlst dich unverstanden, weil etwas, dass dir wichtig ist, nicht respektiert wird.

2. Du hast ein schlechtes Gewissen, weil du gerne für den Menschen da sein möchtest, es aber im Moment wirklich nicht geht. Du siehst, dass die Person darunter leidet und machst dir Vorwürfe, dass es ihm aufgrund deiner Entscheidung nicht gut geht.

Beide Sichtweisen zeugen von Unbewusstsein. Sie entspringen einer Persönlichkeitsstruktur, die auf Abhängigkeit und kausalen Zusammenhängen basiert. Wenn du (nicht), dann ...

Das ist nicht dein Leben. Das ist nicht, was in dir angelegt ist. Und intuitiv spürst du das auch und bist enttäuscht, dass du mit deinen Bedürfnissen nicht gesehen wirst.

Wäre Bewusstsein in dieser Situation, dann würdest du wissen, dass die Zufriedenheit der anderen Person nicht von deinem Tun ihr gegenüber abhängig ist.

Jeder Mensch hat Frieden und Glück in sich selbst. Um es empfinden zu können, muss man seine Achtsamkeit darauf richten. Oder einfach gesagt, jeder Mensch kann und muss sich selbst glücklich machen. Nur so lässt sich das Gute teilen.

Zuerst muss es in einem selbst zu spüren sein.

Wir haben gelernt, dass es Umstände oder andere Menschen sind, die uns glücklich machen. Deswegen versucht jeder (unbewusst), den anderen zu lenken. Damit er sich so verhält, dass man selbst glücklich sein kann. Dieser Versuch muss scheitern und er nimmt jedem Menschen die Freiheit, er selbst zu sein.

Das gesamte Leben versuchen wir, uns in einer Art und Weise zu verhalten, die anderen behagt. Damit diese positiv auf uns reagieren und wir uns wohl fühlen können. Man nennt das auch Manipulation, die schon im Kindesalter beginnt. "Wenn du lieb bist und machst, was ich möchte, dann bekommst du etwas Schönes!" - kennst du diesen Satz?

Er wird dich dein ganzes Leben begleiten. Manchmal in Form von Erpressung, manchmal als Drohung. Da ist immer jemand, der dich zu einem bestimmten Verhalten zwingen will, weil es ihm selbst damit gut gehen würde.

Das ist nicht der Sinn deines Lebens. Du bist nicht hier, um andere durch dein Verhalten glücklich zu machen. Das ist weder deine Aufgabe, noch liegt es in deiner Macht. Die Entscheidung, Glück zu spüren, liegt in jedem Menschen selbst. Du kannst zwar Dinge tun, die dem anderen angenehm sind.

Dadurch fühlt er sich scheinbar zufrieden. Hörst du jedoch auf, dich nach seinen Vorstellungen zu verhalten, spürt er kein Glück mehr und macht dich dafür verantwortlich. Dadurch wird dein Leben zu einer einzigen Schuldfrage und du brichst eines Tages unter dieser Last zusammen.

Bewusst zu leben bedeutet, dir darüber klar zu sein, dass dein Leben weder aus der Hand eines anderen Menschen kommt, noch von diesem abhängig ist. Du wurdest vom Leben gemacht, nicht von anderen Menschen. Es ist nicht der Mensch, der in diesem Moment dein Blut fließen lässt und dir Luft zum Atmen schenkt.

Es ist nicht die Fähigkeit eines Menschen, dass sich eine Wunde an deinem Körper schließt oder das Fieber abklingt. Dass du lebst, ist nicht das Werk eines Menschen. Du wurdest durch deine Mutter geboren, aber sie war nur der Durchgang von einer Dimension in die andere. Was hat sie getan, dass sich deine Knochen bildeten, deine Haut und deine Organe?

Dass dieses Wachstum in ihrem Körper stattfand, ist nicht ihr „Verdienst“. Es ist ihr geschehen, aber es kam nicht von ihr. Es ist das Leben, die Liebe, Gott, das Universum - du kannst dieses unnennbare „Etwas“ bezeichnen, wie du möchtest. Aber von diesem Ort geht deine Existenz aus.

Wenn diese Wahrheit nicht nur in deinem Kopf verankert ist, sondern real erlebbar wird, wird das als Bewusstsein bezeichnet. Bewusstsein ist Wissen, das aus deinem Inneren kommt. Informationen hingegen sind verschiedene Beurteilungen, die Menschen über Dinge der Welt aufstellen.

Bewusstes Handeln setzt das Wissen über diese Wahrheiten voraus. Du musst frei von einer falschen Persönlichkeitsstruktur sein. Du musst losgelassen haben, was andere Menschen aus dir machten.

Dann kannst du den ersten Impuls in dir deutlich wahrnehmen und dich bewusst - also mit voller Absicht - entscheiden, dementsprechend zu handeln.

Du reagierst nicht mehr auf das Verhalten anderer. Du erlebst sie mit ihrem Handeln, aber da ist der Freiraum in dir, der dich deine eigene Entscheidung treffen lässt.

Du musst nicht mehr verletzt sein, wenn Menschen sich nicht so verhalten, wie du dir das vorgestellt hattest. Weil diese Vorstellung nicht mehr existiert. Du kannst den anderen lassen, wie er ist.

Denn sein Verhalten hat keinen Einfluss mehr auf dein Befinden.

Wenn er oder sie beschließt, wütend und verletzt zu sein, dann kannst du das annehmen. Du weißt, dass es nicht um Schuld geht, sondern um eine Entscheidung, die dein Gegenüber getroffen hat.

Du weißt dann auch, dass die meisten Menschen weiterhin ärgerlich auf dich sein werden, wenn du dich nicht so gibst, wie sie es gerne hätten.

Und dass du dadurch Freunde verlieren wirst. Sie können dich nicht akzeptieren, wie du bist, aber wenn du das Leben wählst, weißt du, dass es nicht anders geht.

Leben ist Freiheit. Für jeden Menschen. Nicht nur für die anderen. Wer sich selbst und seine Handlungen nicht hinterfragt, wird immer aus seinen erlernten Mustern heraus agieren.

Du hast aber auch die Möglichkeit, jeden Moment zu reflektieren und ihn in seiner wahren Gestalt zu sehen.

Kapitel 5 - Der Weg aus dem Schmerz

5.1. Der Ursprung der Angst

Würde dir vom ersten Tag auf der Erde gesagt werden, dass du ein geistiges Wesen bist und deine komplette Versorgung aus der geistigen Ebene kommt, wäre Angst für dich ein Fremdwort. Du wüsstest dann, dass deine Worte und Gedanken die Ursache deines Umfeldes wären. Und dass es nichts gibt, was du nicht kannst.

Aber all das wurde dir nicht erklärt. Im Gegenteil - du wurdest in eine Welt gesetzt, die durch den Menschen bestimmten Beschränkungen unterworfen ist. Man wird auch dich beschränken, weil man dich lehren wird, dass andere Menschen dazu die Macht haben. In deiner Kindheit bist du komplett auf andere Menschen angewiesen und glaubst ihre Aussagen bedingungslos.

Dadurch entwickelst du ein Bild vom Leben und von dir, das in den meisten Fällen nicht mit dem Bild übereinstimmt, mit dem du innerlich zur Welt gekommen bist. Du warst vor deinem Ausflug auf die Erde jemand und wirst es hinterher auch sein. Die Erde ist nur eine Zwischenstation auf einem unendlichen Weg, der ohne Anfang und ohne Ende ist.

Trittst du in den physischen Raum ein, wirst du automatisch durch die Stofflichkeit begrenzt. Für viele reife Seelen ist dieser Prozess schwer zu ertragen. Wenn du im späteren Leben auf Menschen triffst, die eine sehr weiche Ausstrahlung haben, bist du mit Sicherheit solch einem Wesen begegnet.

Einige Kinder haben das Glück, von teilweise erwachten Müttern erzogen zu werden. In ihrer Kindheit wird es nicht nur um Leistungen gehen, denn diese Mütter wissen, dass es nichts zu erreichen gibt. Jedes Kind kommt innerlich komplett ausgestattet auf die Welt.

Alle Fähigkeiten existieren in angelegter Form. Die Aufgabe der Eltern besteht darin, für die individuelle Wesenheit des Kindes offen und sensibel zu sein, um ihm die entsprechende Umgebung zu schaffen.

Was wir als Schmerz erleben, ist die Unterdrückung unseres eigenen Wesens. Nicht sein zu dürfen, wer wir sind, tut weh. In den meisten Fällen sind andere Menschen nicht in der Lage zu erkennen, wer du bist. Dabei ist ihnen nicht bewusst, was sich hinter dieser Aussage in Wahrheit verbirgt.

Die normalen Antworten auf diese Frage erzählen von den Dingen, die Menschen haben. Ausbildungen, Berufserfahrungen, Kinder, Haus, Inventar, Haustiere oder die Automarke. Diese Dinge haben jedoch nichts mit dem zu tun, was du bist. Sie sind, was du tust, erworben hast oder anstrebst.

Die Antwort nach deinem Sein geht nicht von physischen Dingen aus. Durch sie werden wir darauf aufmerksam gemacht, wer wir sind, denn alles Physische ergibt sich aus unserem Sein und dem, was wir daraus gemacht haben.

Du kommst auf die Welt und wenn man in deine Augen sieht, steht für einen Moment die Welt still. Es lässt sich nicht erklären, aber ein Blick in die Augen eines Babys eröffnet eine Tiefe, die alles in sich vereint, obwohl es sich nicht in Worte fassen lässt. Aber man weiß ES. Es ist ein Wissen ohne Worte, ein inwendiges Wissen, das eine überwältigende Qualität hat.

Es ist zu groß und mächtig, um in Sprache gebracht zu werden, denn jedes Wort würde ES kleiner machen, als es ursprünglich ist. Deswegen fühlt man sich automatisch zu Babys hingezogen, weil sie meist in einer klaren Ausstrahlung leben, an die wir uns nur vage erinnern können.

Wer deine Bedürfnisse nicht berücksichtigt, verursacht dir Angst und Schmerz. Eine Mutter ist dir am nächsten. Du bist aus ihrer Energie geschaffen und lebst in ihrer Aura. Kein Mensch beeinflusst dich so, wie sie es tun wird. Du spürst jeden Zorn und jede Angst, die sie durchströmt, weil du physisch und geistig ein Teil von ihr bist. Unser heutiges Leben basiert auf Angst.

Als Säugling erlebst du dich in einer zutiefst abhängigen Position. Du kannst deinen Körper nicht handhaben und dich nicht artikulieren. Dir fehlen die Begrifflichkeiten für die Dinge und dein Gehirn kennt noch keine Vergangenheit und Zukunft.

Du lebst im Jetzt, das in jedem Moment bedrohlich erscheinen kann. Eine Knitterfalte im Hemdchen kann Schmerz verursachen und du bist nicht in der Lage, dem abzuhelfen oder dich verständlich zu machen. Du hast zehn Monate im Mutterleib gelebt. Ständig versorgt, wenn dein Körper Nährstoffe brauchte und in konstanter Temperatur.

Du konntest im Fruchtwasser schwimmen, dich drehen und als es durch dein Größenwachstum enger wurde, war es trotzdem geborgen und sicher. Es war immer gleich und ohne starke Wechsel.

Dann kommst du auf die Welt und die Schwerkraft wirkt auf deinen Körper. Die wärmenden 37 Grad Fruchtwassertemperatur sind verschwunden. Stattdessen wirst du in Sachen eingepackt, die kneifen und scheuern können. Dir werden Windeln angezogen und du wirst zum ersten Mal mit festen Ausscheidungen aus deinem Körper konfrontiert.

Du spürst Hunger, aber du hast keinen sofortigen Zugriff auf Nahrung. Du bist von einem anderen Menschen und seinen Ansichten und Einstellungen hinsichtlich Kindererziehung abhängig. Stillt dich deine Mutter nach Bedarf, hast du großes Glück. In vielen Babyratgebern wird ein fester Rhythmus angeraten und dann werden nicht deine Bedürfnisse berücksichtigt, sondern du wirst auf einen vorgegebenen Rhythmus geprägt.

Du bekommst ein Kinderzimmer und ein eigenes Bettchen, in das du abends gelegt wirst. Allein. Ohne menschliche Wärme, ohne den vertrauten Geruch der Mutter und ohne das Schlagen ihres Herzens in deiner Nähe.

Die Erwachsenen wissen, dass sie in deiner Nähe sind. Für dich endet das Vorhandensein der Dinge und Menschen mit deiner Sicht. Was hinter der Tür deines Zimmers ist, ist für dich nicht vorhanden.

Deshalb auch dein lautstarker Protest, wenn deine Eltern das Zimmer verlassen. Du bist in diesem Moment alleine und verlassen. Denn dein Gehirn hat all das, was Erwachsene kennen, noch nicht gespeichert. Wer dich aus Erwachsenensicht betrachtet, kann dich nicht verstehen. Auch dein Verhalten ist für ihn nicht nachvollziehbar.

Deswegen wird dir in den ersten Lebensmonaten viel Schmerz zugefügt. Weil sich deine Eltern und Betreuungspersonen nicht auf deine Sicht der Dinge einlassen können.

Sie verstehen nicht, wer du bist. Denn sie können sich an ihre frühesten Lebenstage nicht mehr erinnern. Wenn du selbst Kinder hast, dann mach einfach ein kleines Experiment.

Leg dich einen Moment hin und zwinge dich, keine Bewegung zu machen.

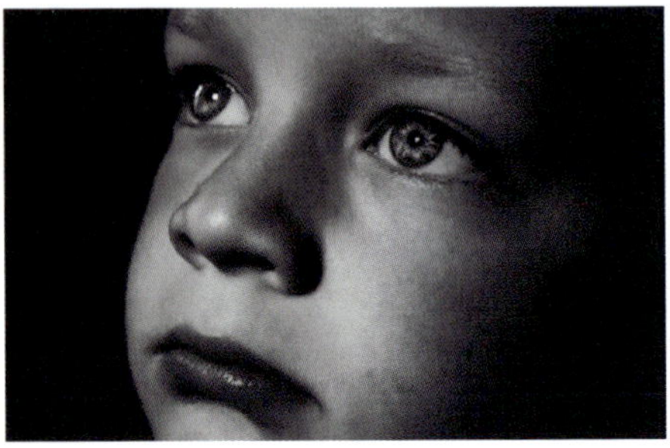

Nach einer Weile wirst du ein Zwicken an einer Stelle spüren. Als Säugling kannst du dich in dieser Situation weder bewegen noch Abhilfe schaffen. Wenn sich eine Fliege auf dein Gesicht setzt - lieg still und bewege dich nicht. Kneifen deine Anziehsachen, korrigiere ihren Sitz nicht. Als Baby kannst du diese Situation auch nicht ändern. Wenn du Durst oder Hunger bekommst - erinnere dich, dass du als Säugling nicht in der Lage bist, zum Kühlschrank zu gehen.

Vielleicht ist deine Mutter gerade mit dir unterwegs, dann kann auch dieses Bedürfnis nicht gestillt werden. Und zum Schluss die letzte und intensivste Übung: sofern du in einer Beziehung lebst, schlaf heute Nacht getrennt. Vielleicht sogar zwei oder drei Nächte. Dann wirst du dich erinnern, wie wichtig es ist, ein liebendes und schlagendes Herz neben sich zu haben, das dich wärmend in die Arme nimmt, damit du gut einschlafen kannst.

Nach dieser Erfahrung wirst du dein Kind nicht mehr alleine in einem anderen Zimmer schlafen lassen. Sein Bedürfnis nach körperlicher Nähe und Geborgenheit ist viel existentiellerer Natur. Es braucht diese Erfahrung außerhalb des Mutterleibes, um sich in dieser völlig fremden und bedrohlichen Umwelt einzuleben. Es braucht die Nähe eines liebenden Menschen wie die Luft zum Atmen.

Beginnend mit deinen ersten Lebenstagen wirst du unweigerlich schmerzvolle Erfahrungen machen. Dein Umfeld kann im Moment noch nicht viel dagegen tun, weil die meisten Menschen noch sehr unbewusst sind.

Das heißt, dass sie sich nicht in deine Situation hineinversetzen, sondern von sich selbst ausgehen. Da sie ihre kindlichen Gefühle und Erlebnisse verdrängt haben, können sie sich nicht auf deine Empfindungswelt einlassen und behandeln dich wie einen Erwachsenen.

Du sollst aufhören zu schreien, obwohl das deine einzige Möglichkeit ist, auf einen Missstand hinzuweisen. Du sollst so viel essen und trinken, wie andere Menschen oder Tabellen es vorgeben.

Du sollst dann schlafen, wenn es draußen Nacht wird. Obwohl du im Mutterleib schlafen konntest, wenn du müde warst.

Die schmerzlichste Erfahrung, die du machen wirst, ist die Trennung von deiner Mutter, wenn man dich in eine Kindertagesstätte gibt. Selbst mit einem Jahr kannst du noch nicht erfassen, dass der dir wichtigste Mensch wiederkommen wird.

Es fühlt sich für dich wie Sterben an, wenn deine Mutter geht und du bei fremden Menschen zurückbleiben musst. Dein Schreien wird übergangen und wenn du damit aufhörst, wird man das mit dem Etikett versehen, dass du dich nun eingewöhnt hättest.

Auch das ist wieder eine Fehlinterpretation Erwachsener. Du hast dich nicht eingewöhnt, du wurdest gebrochen.

Das wichtigste Band wurde gewaltsam zerrissen, denn du bist auf die mütterliche Energie angewiesen, um dich zu entwickeln. Deine Mutter ist die einzige Person auf der Welt, die dich bedingungslos liebt.

Nur sie denkt an dich und strahlt gleichzeitig eine liebende Energie aus, die dich umfängt, egal wo du bist. Für eine Umarmung von dir würde sie ihr Leben geben und ohne ihre Anwesenheit wird dir immer etwas fehlen.

Die Natur hat es bewusst so eingerichtet, dass im Normalfall Einzelkinder und nur in Ausnahmefällen Zwillinge geboren werden. Während sich im Mutterleib der physische Teil deines Selbst entwickelt und ausreift, ist die Zeit nach der Geburt für die Handhabung des Körpers und für die geistige Reife vorgesehen.

Da der heutige Mensch sich nur an das klammert, was er mit seinen fünf Sinnesorganen erfassen kann, wird der geistigen Versorgung keine Beachtung geschenkt. Wir schreiben ein Programm in das Kind, nach dem es sich zu verhalten hat. Und wir nennen das Erziehung, obwohl es keine ist.

Es besteht ein Unterschied darin, ob ich einem Menschen bestimmte Verhaltensweisen und Rhythmen aufzwinge oder alle Eigenschaften und Abläufe in dem Kind angelegt sehe und dementsprechend ein Umfeld für dessen Entfaltung kreiere.

Unsere heutigen Erziehungsmuster haben ihren Ursprung nicht in der Natur. Sie sind aufgrund wirtschaftlicher Gegebenheiten entstanden, die in den seltensten Fällen die menschlichen Grundbedürfnisse berücksichtigen.

Wenn du dir die Zeit nimmst, die Argumentationen zu verstehen, die unsere heutige Lebensweise rechtfertigen wollen, wirst du sehr schnell erkennen, dass nur wirtschaftliche Interessen die Ursache sind.

Die Aussage, dass Kinder Kinder brauchen, um sich entwickeln zu können, ist gelinde gesagt Unsinn. Kein Kind würde sterben, wenn es als Einzelkind bei seinen Eltern aufwachsen würde.

Dagegen gab es genügend Kinder, die als Säuglinge in Heimen gestorben sind. Sie hatten ihre Eltern verloren und wurden von fremden Menschen betreut. Aber Betreuung und Versorgung sind andere Energien als Liebe. Ohne Liebe kann ein Kind nicht gedeihen.

Und die Mutter legt mit ihrer bedingungslosen Mutterliebe die Grundlagen für ein Leben. Nur ein geistig erwachter Mensch ist in der Lage, die gleiche Liebe einem fremden Menschen entgegenzubringen, wie eine Mutter gegenüber ihrem Kind empfindet.

Diese Form von Eins-Sein kann mit Worten nicht erklärt werden. Sie beginnt ganz sanft während der Schwangerschaft, in der sich die Achtsamkeit einer werdenden Mutter immer mehr nach innen bewegt.

Das wachsende Leben ist ebenso Teil von ihr wie ihre Arme, Beine, Augen und Haare. Selbst wenn das Kind geboren ist, fühlt sich diese Verbindung nach wie vor so an.

Sie verschwindet nicht, egal wie weit entfernt das Kind im späteren Leben auch ist. Es ist nicht nur im übertragenen Sinne immer Teil der Mutter, sondern in jedem Moment geistig wahrnehmbar.

Du bringst nur die Angst vor dem Fallen mit, um dich instinktiv zu schützen. Alle anderen Ängste werden dir anerzogen und prägen dich durch deine Erfahrungen auf der Erde. Du bist hier, um den Unterschied zwischen dem, was du ursprünglich bist und dem, als was du dich in dieser materiellen Ebene empfindest, zu erkennen. Oder anders gesagt - du lernst dich als ein Wesen kennen, das du in Wahrheit nicht bist.

Du hast einen Körper, der dich begrenzt, solange du seine wirkliche Ursächlichkeit nicht verstehst. Du wirst von deiner Umgebung auf das Erfassen von Formen konditioniert, damit schränkt sich deine Wahrnehmung automatisch ein.

Du lernst eine Welt zu sehen und zu erkennen, in der nur das Vorhandene existiert und genutzt werden kann. Niemand wird hier die Frage nach der Entstehungsursache der Dinge stellen. Man wird dir sagen, das sei eben so, dass die Dinge da sind. Wenn sie verbraucht sind, dann ist es das Ende.

Du kommst aus der Unbegrenztheit in einen Raum voller Regeln, Vorschriften und Begrenzungen. Wenn du eine alte Seele bist, wirst du die Erinnerung, dass da eigentlich viel mehr ist, nicht komplett verlieren. Du wirst eine Außenwelt erleben, die sich nur an dem orientiert, was sie sehen, hören, fühlen, riechen und schmecken kann.

Tauchen in dir Erinnerungen auf oder fühlst du dich von den alten Lehren angesprochen, wirst du als Idealist und Träumer abgetan. All das tut weh.

Weil dich Menschen nicht so akzeptieren werden, wie du bist. Mit all deinem Denken, Fühlen und Handeln. Du wirst dich zerrissen und isoliert fühlen. Ein Außenseiter, der sich fragt, wer hier die richtigen Ansichten vertritt.

Du wirst eher dich als andere in Frage stellen und vielleicht auch an den Punkt im Leben kommen, wo du dein Dasein in Frage stellst. Sei auf all diese Möglichkeiten vorbereitet.

Treten sie ein, weißt du, dass sie Teil deines Lebens sind und sein müssen. Weil du den Prozess des Aufwachens durchläufst und zu dem werden musst, was du jetzt noch nicht bist.

Du kannst dich nur erkennen, nachdem du dich als das Gegenteil deiner wahren Identität erfahren hast. Das bedeutet, dass du kein leichtes Leben haben wirst. Du wirst nicht auf oberflächlichem Terrain unterwegs sein.

Die üblichen Freizeitbeschäftigungen werden dich nicht zufriedenstellen. Du wirst mehr mit dem Reflektieren deines Verhaltens und deiner Gefühle beschäftigt sein, als Urlaube zu planen oder Karriere machen zu wollen. Du wirst das Gefühl entwickeln, anders zu sein, ohne dass du erklären kannst, warum.

Es wird Zeiten geben, in denen du lieber so sein möchtest wie deine Nachbarn oder andere Familienmitglieder. Vielleicht fragst du dich auch, was du falsch gemacht hast. Erinnere dich in diesen Momenten an diese Worte. Denn jeder Mensch kommt mit einer konkreten Aufgabe auf diese Welt.

Die nur erfüllt werden kann, wenn man sie in sich wahrnimmt. Genau dorthin führt dich dein Leben. Bei einigen Menschen wird dieser Prozess frühzeitig deutlich und spürbar, andere Menschen hingegen empfinden diese leisen Impulse ihr ganzes Leben lang nicht. Du kannst nur dein eigenes Leben wirklich leben. Vorher wirst du nie das Gefühl vollkommener Zufriedenheit erlangen.

Erst wenn du die Aufgaben übernimmst, die das Leben dir mitgegeben hat, lebst du die dir wirklich zugeteilte Rolle. Kein konditioniertes Programm, mit dem du die Ansichten und Auffassungen deines Umfeldes lebst. Sondern du tauchst mit jeder Faser deines Seins in das ein, was als dein wirkliches Selbst bezeichnet wird. Dieser Teil existiert nicht außerhalb von dir, sondern er ist **DU** in Form des höchsten gelebten Potentials.

5.2. Die Suche des EGO`s

Lass uns noch einmal auf den Punkt bringen, was das Ego ist. Du wirst geboren und bringst eine angelegte Struktur für alle Lebensbereiche mit, die vollkommen harmonisch ist. Würden Eltern das wissen und wären auch sie frei von allen Zwängen, würden sie dir ein Umfeld schaffen, in dem du diese Eigenschaften und Fähigkeiten Stück für Stück zum Ausdruck bringen könntest.

Eltern dieser Kinder wüssten, dass du nichts "lernen" musst. Lernen in dem Sinn, dass du unfähig bist und eine andere Person dir etwas beibringen muss. Du kannst weder laufen, schwimmen oder sprechen „lernen“. Denn niemand kann dir diese Fähigkeiten geben.

Du hast sie mitgebracht, weil sie von der Natur latent in dir angelegt wurden. Es braucht nur einen Raum, in dem du diese Fähigkeiten ohne Druck, ohne Bewertung und ohne Zeitvorgabe ausdrücken kannst.

Zusammengefasst brauchst du eine angstfreie Umgebung, dann zeigen sich deine Fähigkeiten zum rechten Zeitpunkt von selbst.

Dass das wahr ist, ist dir nicht unbekannt. Du weißt, dass kein Kind zum gleichen Zeitpunkt die ersten Schritte macht oder die ersten Laute und Worte von sich gibt. Wann diese Dinge geschehen, ist innerlich festgeschrieben. Nur der unwissende Mensch denkt, dass er dir diese Dinge „beigebracht“ habe.

Deshalb stellen wir Entwicklungspläne auf. Mit dem Ergebnis, dass Kinder Schwierigkeiten mit ihrem Selbstausdruck bekommen.

Wenn eine Fähigkeit gefordert wird, bevor die innere Reife eingetreten ist, wird Zwang ausgeübt. Mit dem Ergebnis, dass sich Ängste einstellen. Die ihrerseits dafür sorgen, dass sich bei dem Kind Blockaden entwickeln. Was ursprünglich seinen eigenen und harmonischen Weg genommen hätte, wird durch menschliche Vorgaben und Erwartungshaltungen zerstört.

Anschließend wird das Kind behandelt, weil es nicht den Normen und Entwicklungstabellen entspricht, obwohl die Ursache dieser Fehlbildung der erwachsene Mensch selbst ist.

Über diese Dinge musst du Bescheid wissen, denn sie sind Teil deines und des gesellschaftlichen Egos. Einer Persönlichkeitsstruktur, die aufgrund der jeweiligen Gesellschaft und des persönlichen Umfeldes entsteht. Da jeder von uns mit unbewussten Eltern lebte und lebt, wurden wir alle verformt. Auch du bist mit dem vollkommenen Wissen geboren worden. Aber dann wurden dieses Wissen und dein Empfinden verändert. Durch die physischen Erfahrungen wurden die Annahmen, die du von dir hattest, neu formuliert.

Das geschieht innerhalb der ersten sieben Lebensjahre. Man nennt es auch Prägung oder Konditionierung. Es ist die Zeit, in der andere Menschen durch ihr Verhalten, Vorleben, ihre Forderungen und Wünsche bestimmte Ansichten und Verhaltensmuster in dich „hineinschreiben“. Du erfährst, was wie und wann und auf welche Weise getan oder nicht getan wird.

Durch die Wiederholung dieser Situationen entstehen Gewohnheiten. Auf diese Weise bildet sich in dir ein Denk- und Verhaltensmuster heraus, was als „Persönlichkeit“ bezeichnet wird. Deine Persönlichkeit, dein Charakter, dein Wesen.

Du darfst nie vergessen, dass du DAS nicht bist. Hattest du ängstliche Eltern, sind dir Ängste eingeredet worden, die dich begrenzen werden. Sind deine Eltern grob mit dir umgegangen, wirst du eine Opfermentalität entwickeln oder anderen Menschen gegenüber grenzüberschreitend agieren.

Weil du es selbst so erlebt hast. Sagen deine Eltern dir, dass man von Zugluft krank wird, wirst du Symptome in den entsprechenden Situationen entwickeln. Kinder, die diese Aussagen nie zu hören bekommen, werden dagegen nicht krank, wenn sie mit Zugluft in Berührung kommen. Wurde in deiner Familie ständig darüber geredet, wie teuer doch alles sei und dass man sich gar nichts mehr leisten könne, wirst auch du mit Mangelerscheinungen in deinem finanziellen Leben zu tun haben.

Krankheiten, die Vater oder Mutter haben, gehen an die Kinder über. Die Medizin spricht hierbei von Vererbung. Bis heute wird nicht gelehrt, dass Kinder nicht das Opfer von physischen Schwächen ihrer Eltern sein müssen. Weil es keine Vererbung gibt, sondern lediglich die mentale Bereitschaft, das gleiche Gesundheits- oder Krankheitsbild zu entwickeln.

Würden Kinder frühzeitig den Gedanken entwickeln dürfen, dass sie gesund sind, könnten die familiären Prägungen nicht greifen. Es werden nämlich nicht alle Kinder kurzsichtig, übergewichtig, herzkrank, zuckerkrank oder bewegungseingeschränkt, nur weil ihre Eltern an diesen Symptomen leiden.

Kinder, die diese Erkrankungen ebenfalls entwickeln, haben sich mit dem Erscheinungsbild der Eltern identifiziert, weil ihnen keine andere Möglichkeit geboten wurde.

Deshalb entwickeln auch sie diese Krankheiten, was von der Schulmedizin als Vererbung bezeichnet wird. In Wahrheit ist es nur die Übernahme der gleichen Gedanken, die zu den entsprechenden Gefühlen und dem Ausbruch von Erkrankungen führen.

Auch das ist wahr, denn wenn man einem Kind lange genug erzählt, dass es nichts wert sei und nichts könne, wird es sich minderwertig fühlen. Aufgrund der äußeren Umstände.

Erzählen wir ihm das Gegenteil und lassen es positive Erfahrungen machen, wird es aufblühen. So einfach ist das Leben. Es ist nur die Frage, womit wir uns und andere Menschen konfrontieren.

Mit diesen Erklärungen bist du in der Lage zu verstehen, dass jeder Mensch seine eigene Welt entwickelt. Die Sichtweisen und Handlungen, die dein nächstes Umfeld dir in deiner Kindheit vorlebt, werden zu deinem Erfahrungsschatz und zu deiner eigenen Welt. So wirst du zu einer Persönlichkeit gemacht, die mit deinem ursprünglichen Wesen in den meisten Fällen nichts mehr zu tun hat.

Diese Konditionierung, die die Ursachen des Lebens ausschließlich in der Außenwelt sucht, wird auch als Ego bezeichnet. Es ist, was du glaubst zu sein. Mit allen verbliebenen Möglichkeiten und Begrenzungen. Innerhalb dieser Konditionierungen versuchst du im Erwachsenenalter, dein Leben so gut es geht zu verbringen. Und du stößt permanent an Grenzen.

Man hat dir beispielsweise beigebracht, dass du ohne Geld nicht existieren kannst. Also wirst du bestrebt sein, auf irgendeine Weise zu Geld zu kommen. Dafür musst du Vorbedingungen erfüllen, die andere Menschen aufstellen. Kannst du sie umsetzen, erhältst du deinen Lohn. Bist du eingeschränkt, wie eine alleinerziehende Mutter, die nicht im Schichtsystem arbeiten kann, hast du ein Problem.

Du wirst die Erfahrung machen, dich in deinem Handeln und Fühlen immer wieder begrenzt und eingeschränkt zu fühlen. Die meisten Menschen arrangieren sich mit dieser Lebensform. Sie fragen nicht mehr nach der Veränderung, sondern passen ihr Leben den äußeren Umständen an.

Wird die Miete zu hoch, fragen sie nicht nach einer neuen Geldeinnahmequelle, sondern suchen nach einer kleineren Wohnung. Stellt das Alter sie vor körperliche Einschränkungen, suchen sie sich keine Betätigungen, die sich trotzdem bewerkstelligen lassen, sondern fahren ihren natürlichen Bewegungsdrang hinunter und verbringen ihre Zeit auf dem Sofa.

Nur wer versteht, dass jede äußere Begrenzung aus der eigenen inneren Welt entstammt, wird Grenzen überwinden können. Alle anderen Menschen sehen sich mit unüberwindbaren Situationen konfrontiert, die sich nicht handhaben lassen. Was du erlebst, kommt nicht aus Zufall zu dir. Du betrachtest in der Außenwelt nichts anderes als deine innere Konditionierung.

Da du begrenzt wurdest, weil dir erzählt wurde, dass viele Dinge gar nicht oder nur auf bestimmte Weise möglich seien, verspürst du immer das Gefühl von Unvollkommenheit. Etwas scheint zu fehlen, auch wenn du es nicht in Worte fassen kannst. Während dein Ego versucht, Lösungen für deinen Alltag zu finden, die in seinem begrenzten Wesen nicht vorhanden sind, hast du ständig das Gefühl, an Mauern zu stoßen.

Hast du eine überwunden, zeigt sich sofort ein neues Problem. Das wird auch nicht aufhören, weil das Ego diese Grenzen selbst erschafft und sich dann anstrengt, sie zu überwinden. Auf diese Weise verbringen die meisten Menschen ihre Lebenszeit.

Die ihnen anerzogenen Muster schaffen vor ihrer Nase eine Welt voller Begrenzungen, die das Ego zu überwinden versucht. Nur um sofort eine neue Grenze zu erschaffen, sodass der Kreislauf von vorne beginnt.

Die Struktur des Egos ist so aufgebaut, dass es immer in ein Ich und ein Du unterscheidet und damit die Welt teilt. Gleichzeitig entsteht dadurch die Angst, dass das Du mehr bekommen könnte als das Ich. Also müssen Strategien entwickelt werden, um zu all dem zu kommen, was das Ego zum Leben braucht.

Abhängig von der Persönlichkeitsstruktur entstehen Opfercharaktere oder dominante Persönlichkeitsstrukturen. Wer sich in die Opferrolle begibt, braucht Situationen, an denen er scheitern und sich als Opfer seiner Umstände erleben kann. Mit allen Ängsten zu Versagen, Verlusten und Gefühlen der Hilflosigkeit.

Wer lernt, grenzüberschreitend und dominant zu agieren, braucht Menschen und Situationen, in denen er umgangssprachlich alles „platt machen“ kann. Die eine Seite sieht sich als Opfer ihrer Umstände, während die andere Seite sich als Machthaber über ihre Umstände erlebt.

Beide Erlebensweisen kommen aus dem Ego. Aus einer Persönlichkeitsstruktur, die das Leben in dualer Sichtweise erfährt und damit in einen Machtkampf gezogen wird.

Das Ego kann nicht gewinnen. Weder aus der Opferrolle heraus, noch durch dominierende Lebensweise. Diese Pseudo-Persönlichkeit geht davon aus, dass sie aus sich selbst heraus existiert und ihre Form verteidigen und ausleben muss. Aufgrund eingepflanzter Gedanken über dich selbst hast du eine Persönlichkeitsstruktur entwickelt, die nicht mit der Freiheit deines ursprünglichen Selbst übereinstimmt.

Du kennst Menschen, die ihren Weg ohne Takt- und Verantwortungsgefühl für andere Menschen gehen und dabei nur auf den eigenen Vorteil bedacht sind.

Es gibt auch die Charaktere, die anderen Menschen helfend zur Seite stehen, sofern die Hilfebedürftigen sich nach ihren Vorstellungen richten. Auch Menschen, die sich hilflos fühlen und im Leben nicht vorwärts kommen, sind in einer Egostruktur gefangen.

Ob erfolgreich oder als Versager auf der ganzen Linie - unsere Konditionierungen entwickeln nur eine Struktur. Das Ego - eine Ichbezogenheit, die immer zwischen dir und der anderen Person unterscheidet und damit das Ganze in zwei Teile trennt.

Du wirst den Kampf des Egos spüren, wenn du beginnst, den Weg aus deinem Herzen zu gehen. Anfangs hast du das Gefühl der Begeisterung. Du hast in der Theorie verstanden, worum es geht.

Dass du nicht die Person bist, die du sein könntest. Damit eröffnen sich dir Perspektiven und du bist ganz beschwingt und euphorisch.

Du hast verstanden, dass du dich von deinen Begrenzungen befreien musst und dann das Leben haben kannst, das du dir wünschst. Es ist der innere Kern, der so denkt.

Dein Ego, die aufgesetzte Struktur, hat einen anderen Plan, denn mit deinem Vorhaben willst du dem Ego die Wurzeln abschneiden. Was nicht kampflos abgehen wird.

Der Kampf, den du beginnst, ist der Kampf gegen dich selbst. Vielleicht hast du schon in spirituellen Lehrbüchern den Satz gelesen, dass der Mensch in letzter Konsequenz sein ärgster Feind ist. Das ist leicht zu erklären.

Im Moment bist du mit dem Ego verbunden. Du bist zu dieser künstlichen Charakterstruktur geworden. Gleichzeitig lebt in deinem Herzen immer noch dieser Funke, der dich an etwas erinnert, was du noch nicht in Worte oder Bilder bringen kannst.

Da lebt etwas in dir, was dich sacht berührt, aber du bist noch nicht wirklich damit verbunden. Noch lebst du in der Egostruktur und diese kannst du nicht auflösen. Denn wie willst du dich selbst verschwinden lassen?

Diese Struktur in dir ist unglaublich facettenreich und geschickt. Anfangs hast du das Gefühl, genau zu wissen, was du tun musst, um zu dir selbst zu kommen. Du beginnst, dich auf die Meditation einzulassen. Sie sorgt für Stille in dir, das Ego kommt zur Ruhe.

Stille existiert in der Ganzheit, nicht in der Dualität. Je stiller du wirst, desto mehr nimmst du wahr, dass es keinen Unterschied zwischen dem Ich und dem Du gibt.

Freude überkommt dich, denn du ahnst, dass du dem Ziel sehr nahe bist. Es scheint nur noch ein kleiner Zwischenraum zu sein, der überwunden werden muss. Ein kleiner Widerstand, der aufgehoben werden kann, wenn du dich nur anstrengst und bei der Sache bleibst. Genau das ist die Strategie des Egos. Streng dich an! Du kannst es schaffen!

Wenn du es nicht schaffst, dann hast du dich nicht richtig ins Zeug gelegt. Je nach Mentalität investieren Menschen an dieser Stelle mehr Zeit in Meditationsübungen oder sie geraten sofort an ihre psychische Grenze, nicht gut genug zu sein.

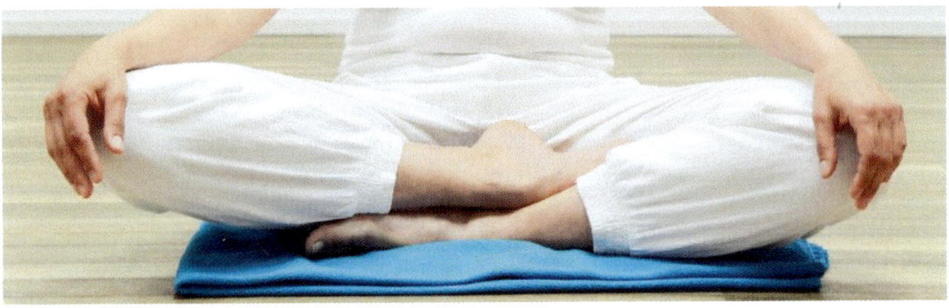

Dominierende Charaktere legen sich dagegen mächtig ins Zeug. Sie verkünden freudestrahlend, wie viele Stunden ihre Meditation gedauert hat. Welche schwierigen Sitzpositionen sie gemeistert und welche Yogaübungen sie in Bestzeit absolviert haben. Auch das ist ein Trick des Egos, das dich auf Trab hält.

Ohne dass du jemals ans Ziel kommst. Du läufst wie ein Esel der vors Maul gehaltenen Möhre hinterher. Ohne Chance, das Ziel zu erreichen.

Warum nicht?

Weil sich innerhalb einer Egostruktur kein endgültiges Ziel erreichen lässt.

Bist du auf Leistung konditioniert, wird es immer ein Mehr geben, dass du erreichen kannst. Die Meditation kann noch weiter ausgedehnt werden.

Es lassen sich schwierigere Meditationsübungen integrieren. Die Ausführung kann immer noch perfektioniert werden. Und..., und..., und.

Das ist die Natur des Egos. Immer auf der Suche nach etwas Neuem. Die fünf Sinne sind nie zufriedengestellt. Sie wollen weiter aktiv sein, auch wenn eine Erfahrung abgeschlossen und ein Ziel erreicht ist.

Deswegen hast du immer das Empfinden von einem kurzen Glücksgefühl, wenn du eine Sache gut erledigt hast. Da war ein Ziel, du hast dich aufgemacht und es schließlich erreicht. Sofern du über eine Natur mit Durchhaltestrategie verfügst.

Trotzdem wirst du nie ankommen. Es gibt kein endgültiges Ziel auf der physischen Ebene. Du hast einen Wunsch, es gibt eine Handlung und du bekommst, was du dir gewünscht hast. Jetzt ist alles gut? Nein, im Gegenteil.

Hat sich ein Wunsch erfüllt, steht sofort der nächste vor der Tür. Du hast gerade noch geglaubt, angekommen zu sein, da tut sich der nächste Abgrund auf, indem dir ein Verlangen in dein Herz gelegt wird. Und du weißt nicht, wie du davon loskommen kannst.

Per Definition bedeutet Ego eine Struktur, die aus der Vollkommenheit einige Dinge ausklammert. Nur in diesem begrenzten Zustand ist das Ego existent.

Deshalb gibt es keine Möglichkeit, innerhalb der Egostruktur eine Vollkommenheit oder Ganzheit zu erreichen, weil das Ego nicht die Vollkommenheit sein kann.

Der Versuch, Grenzen aufzusprengen und Dinge sowie Fähigkeiten, die außer Reichweite liegen, ins Leben zu integrieren, wird nicht funktionieren. Weil du mit deiner begrenzten inneren Struktur nicht das Ganze, das alles einschließt, sein kannst.

Das klingt im ersten Moment abstrakt, wird aber an Beispielen nachvollziehbarer. Beginnst du beispielsweise mit Meditationsübungen, wirst du voller Elan die Anweisungen befolgen.

Du wirst auf die Sitzposition achten, deinen Atem verfolgen und deinen Fokus wieder neu ausrichten, sobald du dich in Gedanken verlierst. Du wirst das wieder und wieder tun. Aber das ist nicht das Wesen der Meditation.

Das ist nicht, worum es in Wahrheit geht. Zu diesem Zeitpunkt verfolgst du eine Anleitung. Wie bei einem Rechenweg hältst du dich an die Anweisungen, was du machen sollst. Mit Hilfe dieser Anleitung versuchst du, einen anderen Zustand zu erreichen, jedoch ohne Erfolg.

Du kannst dein ganzes Leben damit verbringen, durch Meditation etwas erreichen zu wollen. Es wird dir nicht gelingen. Du hast zwar gelernt, in deiner Umwelt Dinge zu tun, die dir andere Möglichkeiten bringen. Du lebst auf dieser Ebene in einer Kette von Kausalitäten. Dort heißt es: „Wenn..., dann...!"

Doch was du anstrebst, der Versuch, dir in deinem Selbst zu begegnen, lässt sich weder auf dieser Ebene noch in dieser Weise erreichen und umsetzen.

Solange du dich als konditionierte Egostruktur erfährst, kannst du nichts anderes sein. Du kannst auch nur entsprechend der konditionierten Muster agieren. Oder anders gesagt - wenn du zu einem ängstlichen Menschen erzogen wurdest, wirst du nicht mutig sein können. Wurdest du in deinen Bemühungen immer ausgebremst, wirst du in späteren Jahren keinen Erfolg haben (können).

Weil dir die Haltung von Fehlschlägen anerzogen wurde. Bildlich gesprochen trägst du einen Mantel mit ganz bestimmtem Schnitt und Farbe. Entsprechend dieser Kriterien kannst du handeln. Alles andere ist nicht möglich. Sobald du von deinem Selbst hörst und verstehst, weshalb du mit Schwierigkeiten konfrontiert bist, machst du dich auf den Weg, um diese abzustellen.

Du musst begreifen, dass deine Persönlichkeit diese Schwierigkeiten entsprechend ihrer individuellen Prägung inszeniert. Anders kannst du nicht handeln. Und andere Umstände gibt es mit den gleichen Mustern nicht. Was du verändern willst, ist deine Persönlichkeit. Aber wie willst du mutig sein, wenn in dir die Angst verankert ist? Woher nimmst du die Sicherheit, wenn alle Reaktionen in dir auf Versagen ausgerichtet sind?

Solange du innerhalb der begrenzenden Muster lebst, kannst du nur deren Auswirkungen erfahren. Du kannst dich nicht ändern. Dazu müsstest du deine Gedankenmuster ändern. Die deine Gefühle hervorrufen und damit äußere Umstände erschaffen. Wenn du als ängstlicher Mensch sagst, dass du jetzt mutig bist- wie fühlt sich das an? Wie eine Lüge! Weil es für dein Ego wirklich eine Lüge ist. Deshalb scheitern viele Menschen nicht nur an der Meditation, sondern auch am positiven Denken. Denn der Versuch, sich auf positive und freiere Gedanken einzustimmen, erzeugt nur das Gefühl von Widerstand.

Gibt es aus diesem Zustand kein Entrinnen?

5.3. Die Illusion der Zeit

Dein Empfinden, ein Ich zu sein, existiert in der Ebene der Zeit. Nur hier kann die Kausalkette wirken und dich binden. Wenn du diese eine Sache tust, wirst du dadurch etwas anderes bekommen. Erst tust du die eine Sache und ihre Umsetzung bewirkt angeblich den Erhalt der zweiten Sache. Warum? Warum erhältst du die zweite Sache nur aufgrund einer erfüllten Vorbedingung?

Es ist wie bei einer Eselsbrücke - du versuchst dir Dinge zu merken, die dich an etwas anderes erinnern sollen. Warum prägst du dir nicht gleich das ein, worum es eigentlich geht und machst einen Umweg? Was benötigst du, um von einem Tisch aufzustehen? Musst du mit den Füßen wackeln oder in die Hände klatschen und erst dann ist es dir möglich aufzustehen? Oder erhebst du einfach, weil du das tun willst. Ohne dafür eine Vorbedingung erfüllen zu müssen.

Wir sprechen hier über das Jetzt und die Dimension der Zeit. Zeit ist eine Vorstellung für den Verstand. Wir können mit unseren begrenzten Sinnesorganen nicht alles gleichzeitig wahrnehmen.

Deshalb gibt es die Möglichkeit, dass sich die Dinge nacheinander zeigen. Es geht um einen Moment, der dauerhaft vorhanden ist, aber seine Form ständig verändert. Den Wechsel der Form beschreiben wir mit Hilfe der Zeit.

Bei deinen Meditationsübungen wirst du bemerken, dass du etwas erreichen willst. Du bist in diesem Moment in einer konkreten Art und Weise vorhanden, möchtest aber durch die Meditation einen anderen Zustand erreichen. Dadurch befindest du dich in der Ebene der Zeit.

Das Jetzt, der Moment, in dem du auf dem Boden oder Stuhl sitzt und darauf wartest, dass sich etwas verändert, scheint nicht richtig. So willst du es nicht. Du spürst die Begrenzungen, dein Geist schweift in alle Richtungen und eigentlich hast du noch viele andere Dinge zu erledigen.

Du wartest innerlich darauf, dass etwas passiert. Ein großer Knall und alles hat sich verändert. Deine Wahrnehmung ist anders, deine Umwelt verändert sich, du fühlst dich anders und alles ist so, wie es sein sollte. Doch nichts davon passiert. Vielleicht beginnst du dich an dieser Stelle mehr anzustrengen.

Du setzt dich unter Druck, um es "zu schaffen". Irgendwie muss diese Veränderung her. Wenn es nicht klappt, scheinst du etwas falsch zu machen. Wo liegt der Fehler? Was kannst du außerdem tun, um zum Ziel zu kommen?

Die Antwort ist einfach - du kannst nichts tun. Du kannst dein Ziel nicht erreichen, das ist die Lösung deines Problems. Du bist in diesem Moment hier. Du existierst mit allem, was jemals möglich ist.

Aus der unvorstellbaren Fülle des Universums wurdest du auf eine konkrete Anzahl von Möglichkeiten begrenzt. Alles andere scheint außerhalb deiner Reichweite und es gibt nichts, was du tun kannst, um mit all dem wieder verbunden zu sein. Warum nicht?

Weil du nie davon getrennt warst. Alles steht und stand dir immer zur Verfügung. Es sind lediglich Gedankengänge, die dich scheinbar physisch von der Fülle getrennt haben.

Es passierte nur in deiner Vorstellung. Nur in deinem Kopf. Die Dinge waren nie verschwunden oder für dich nicht verfügbar.

Wenn du einem Kind erzählst, dass es dumm sei und nichts verstehen könne, wird es dir glauben, sofern es noch keine sieben Jahre alt ist. Bis zu diesem Alter müssen Kinder alle Aussagen aus ihrer Umwelt in sich aufnehmen und zu eigen machen, weil sie intellektuell noch nicht unterscheiden und reflektieren können.

Ist das Kind dumm, weil es so geboren wurde oder weil du ihm diese Dinge erzählst? Die Tatsache, dass jeder Mensch auf die Erde kommt und Zugriff auf alle Möglichkeiten hat, ist die Grundlage menschlicher Existenz. Daran lässt sich nichts ändern.

Hast du diese Wahrheit akzeptiert, beginnt deine Veränderung. Ohne dass du etwas dafür tun müsstest. Dir wird die grundlegende Wahrheit bewusst.

Du erinnerst dich und erkennst, dass du schon immer alles warst und hattest. Du kannst nichts durch das Tun anderer Dinge erreichen.

Weil du über alles in direkter Weise verfügen kannst. Man hat dir nur erzählt, dass das nicht geht. Dein "Fehler" lag darin, dass du das geglaubt und akzeptiert hast. Weil du nicht anders konntest.

Doch wenn du still wirst, hören die falschen Eingebungen irgendwann auf, in dir zu wirken. Dann gehst du durch die Ebene der konditionierten Gedankengänge hindurch. Sie lösen sich auf und lassen dich einen Ort erkennen, an dem dir alles zusteht und wo du darüber verfügen kannst.

Je mehr du dich mit Meditation, Achtsamkeit, Stille- und Meditationsübungen beschäftigst, desto schneller "verschwindet" dein künstlich erzeugtes Ich.

Du kannst das nicht erreichen, indem du etwas tust. Jede Übung bringt dir dagegen ein Stück von deiner Erinnerung zurück, dass du schon immer warst, was du dir heute wünschst zu sein.

Kapitel 6 – Meditation ist keine Technik

6.1. Lass dein Herz sprechen

Wie im vorangegangenen Kapitel besprochen - Meditation ist keine Technik oder eine Anleitung, mit deren Hilfe du etwas erreichen kannst. Nimmst du eine Bauanleitung zur Hand und befolgst die Anweisungen, wirst du ein fertiges Bauteil erhalten. Das funktioniert aber nur im physischen Raum. Meditation betrifft hingegen den geistigen Bereich. Es geht nicht um die Form, sondern um einen inneren Zustand, der eine Form hervorruft und bedingt.

Du begibst dich innerhalb des Schöpfungsprozesses auf eine innere Ebene und gehst der Ursache jeder Form auf den Grund.

Gedanke - Wort/Gefühl - Tat - in dieser Reihenfolge bildet sich deine persönliche Welt. Die Gedanken, die deine Umwelt hervorgerufen haben, wurden dir von erwachsenen Betreuungspersonen in deinen Verstand gelegt.

Aus ihrem Inhalt bildeten sich die dazugehörigen Gefühle in dir, die dich die Dinge auf die entsprechende Weise tun ließen.

Im geistigen Bereich gibt es keine kausale Wirkungskette. Hier musst du nicht einen Gedanken erfassen, durch den dann andere Dinge in Aktion gebracht werden. Du hast mit dieser Ebene lange nichts zu tun gehabt. Nur in deinen ersten Lebenswochen war dir diese Art zu leben vertraut.

Dann wurdest du in eine Identität gedrängt, in der Menschen und Dinge benutzt werden müssen, um etwas erreichen oder bekommen zu können. Mit jeder Meditation wird die Erinnerung deutlicher, dass du aus eigener Kraft leben kannst.

Unabhängig von anderen Menschen und ihrem Handeln. Es mag ein weiter Weg sein, bis diese Erkenntnis in ganzer Tragweite offensichtlich wird. Doch schon in den Anfangsstadien der Erinnerung wirst du die Veränderungen spüren.

Meditation ist die Bereitschaft, deinen ursprünglichen Zustand "über dich kommen zu lassen". Du kannst diesen nicht erzwingen, denn er ist bereits da. Du kannst nichts tun, damit er erscheint, denn das Problem liegt nur in deinem Vergessen und deiner Unbewusstheit. Bewusstheit lässt sich nicht erlernen oder üben. Du tauchst lediglich wieder und wieder in das ein, was als DEIN Selbst bezeichnet wird und frei von konditionierten Ansichten anderer Menschen ist.

Dieser Prozess vollzieht sich täglich, auch wenn du es gar nicht bemerkst. Der Blick in die Augen eines Babys lässt dich innerlich schmelzen und in deiner Mitte landen. Ein Film kann dich mit seinem Inhalt so tief berühren, dass du ein völlig neues Empfinden von dir hast. Diese Gefühle sind nach kurzer Zeit verschwunden und die Alltagsschwere umfängt dich wieder.

Aber du hast einen Einblick geschenkt bekommen und es wird dich weiter in diese Richtung drängen. Dann fängst du an, dich mit spirituellen Dingen zu beschäftigen. Jetzt schenkst du diesen Lichtblicken bewusste Aufmerksamkeit.

Es wird leichter, lebendiger und schöner, gleichzeitig macht sich dein Ego auf den Gegenangriff bereit. Es schlägt zu, wenn du nicht damit rechnest. Wenn alles sich wunderbar entwickelt hat und du weißt, dass du auf dem richtigen Weg bist. Dann stehst du vor dir selbst und blickst deiner Pseudopersönlichkeit in die Augen, die das innerste Wesen überdeckt.

Mit dem Wissen, dass du nur einer Gedankenstruktur begegnest, kannst du in deiner Mitte bleiben. Du wirst aufgefordert werden, dich wieder von dir selbst zu lösen und in deinen alten Mustern zu verharren. Bleibst du konsequent in deiner täglichen Stille, nimmst du den Konditionierungen mit Meditationsübungen die Kraft, weiter in dir zu leben. Aber die Stille eliminiert alles aus deiner Mitte, was Menschen unbewusst in dich hineingelegt haben, weil es nicht zu dir gehört.

6.2. Die Dimension des Beobachtens

Beobachtung und Selbstreflektion sind wichtig für dein Alltagsleben. Bisher hast du deine Aufmerksamkeit immer auf die Dinge und Menschen in deiner Außenwelt gerichtet. Was liegt im Trend, was machen die Leute, wo fahren sie hin, was kaufen sie? Dein Leben liegt in deiner Hand, auch wenn du es vorübergehend in fremde Hände gegeben hast. Veränderungen in deinem Leben lassen sich nicht vollziehen, indem du auf die Ratschläge Außenstehender hörst.

Was auch immer sie sagen, du kannst ihren Anweisungen nicht folgen, wenn deine konditionierte Struktur inhaltlich anders aufgebaut ist. Statt dein Leben damit zu verbringen, es den Menschen in deinem Umfeld recht zu machen, ist es gesünder, wenn du dich selbst in Frage stellst und auf die Suche nach den Ursachen gehst.

Es mag ungewohnt sein, deine Gefühle und Handlungen zu hinterfragen, aber es richtet den Fokus auf dich selbst. In dir existiert die Antwort auf jede deiner Fragen, wie kann ein Außenstehender dir also helfen?

Für jede Lebenssituation gibt es die richtige Anleitung. In dir. Nicht in einer anderen Person. Es gibt achtsame Menschen, die deine Lösungen und Antworten wahrnehmen können.

Aber sie werden sie dir nicht aufzwingen, sondern dir dabei helfen, sie in dir selbst zu finden. In deiner eigenen Art und Weise. Lass das Beobachten daher zu deiner Identität werden. Du kannst wahrnehmen, wie sich die Dinge anfühlen, die du berührst.

Beobachte deine körperlichen Reaktionen auf Menschen und Situationen. Frage dich, warum sich dein Magen zusammenzieht, wenn du dich in einer unangenehmen Situation befindest. Ob deine Ängste real sind - ob sie also durch die momentane Situation ausgelöst werden oder aus der Vergangenheit kommen.

Fang mit bestimmten Zeiten an, die du dir für deine bewusste Beobachtung reservierst. Anfangs mag es wie eine Übung wirken. Etwas, wozu man sich zwingen muss, weil es nicht gewohnheitsmäßig passiert. Bleibst du bei diesen Beobachtungszeiten, werden die Grenzen flüssiger.

Du wirst bemerken, dass sich die Gabe der Beobachtung auch in anderen Lebensbereichen bemerkbar macht. Sie geht dir langsam aber sicher in Fleisch und Blut über, bis du die gesamte Tageszeit in diesem achtsamen Zustand verbringst.

Bisher hast du deiner Umwelt die meiste Beachtung geschenkt. Weil du von ihr und ihrem Wohlwollen abhängig warst. Jetzt ändert sich der Fokus und du bringst die Aufmerksamkeit zu dir zurück. Nicht in egoistischer Weise, indem du dich fragst, wie du von deiner Umwelt profitieren kannst.

Es geht nur um die Frage, was in diesem Moment mit dir passiert. Was denkst du und was passiert aufgrund dieser Gedanken. Damit du die Zusammenhänge von Gedanken, Worten und Taten in der Praxis erlebst und verstehst.

Du pendelst in dieser Zeit zwischen deinem wahren und dem „falschen“ Ich. Bis du verstehst, dass du als vollkommenes Wesen für eine bestimmte Zeit eine andere Identität angenommen hast. Du bist in eine Rolle geschlüpft und hast dich selbst vergessen, weil dir diese Rolle in frühester Kindheit aufgeprägt wurde.

Du hast nichts falsch gemacht oder warst unvollkommen. Es ist der Weg jedes Menschen. Um zu erfahren, dass du alles hast und alles kannst, musst du das Gegenteil erleben. Das ist das göttliche Spiel. Das Licht lässt sich nur im Kontext der Dunkelheit erleben. So ist diese Welt gemacht. Es wird Zeit brauchen, bis dir diese Dinge klar werden.

Weil sie von deiner Bereitschaft abhängen, dich selbst „aufzugeben“. Deine Egostruktur wird dich drängen, in der Außenwelt zu agieren, damit du dich nicht mit dir selbst beschäftigst. Aber dieser Prozess lässt sich nicht aufhalten. Er kann sich verzögern, aber die Natur in dir setzt sich durch. Je eher dir das bewusst ist, desto schneller erwachst du aus deinem Traum.

6.3. Wichtige Tipps für Anfänger

Wenn du Verbissenheit an dir bemerkst, mit der du ein Ziel erreichen willst, halte an. Die Anfänge deiner Meditationsübungen sind von Elan und Neugierde gekennzeichnet, denn hier ist das Ego am Werk, das sich unterhalten fühlt. Es bekräftigt dich bei der Suche nach Meditationsgruppen und hat Spaß an der Auswahl des benötigten Equipments. Das Ego basiert auf den Erfahrungen, die du mit Hilfe deiner Sinnesorgane machst. Solange du also im physischen Raum aktiv bist, ist alles in Ordnung. Es wird dir auf die Schulter klopfen, wenn du eine halbe Stunde bewegungslos gesessen hast und dir erzählen, wie toll du das machst.

Erst wenn es tiefer in die Stille und um die Wahrnehmung dieses Zustandes geht, wird es brenzlig. In diesen Momenten entziehst du den alten Fremdstrukturen Energie und damit die Lebenskraft.

Sie beginnen zu verschwinden und dadurch wird der Widerstand aktiviert. Darauf musst du vorbereitet sein. Der Widerstand wird kommen und er ist das sichere Zeichen dafür, dass du auf dem richtigen Weg bist.

Zwinge dich niemals zu etwas. Das heißt nicht, dass du ein Projekt bei den ersten Schwierigkeiten aufgeben sollst. Es bedeutet, dass du eine Pause machen musst, wenn dich dein Ego vorwärts drängt.

Ein wenig Abstand von der Situation, ein Moment der Draufsicht und die Frage, was gerade mit dir passiert, lassen dich wieder in deine eigene Nähe kommen. Dann beginnst du erneut und stellst fest, dass die Dinge einfacher laufen.

Widerstand gegen deine natürliche Mitte bringt dich immer zu Fall. Wenn du das in dir wahrnehmen kannst, bist du schon weit gekommen. Es geht nicht darum, den Widerstand zu leben. Du musst erkennen, dass sich an jedem Tag Widerstand meldet und von dir Besitz ergreift.

Jede achtlose Bemerkung, jedes undisziplinierte Essverhalten, jeder Gedanke an Mangel und Begrenzung entspringt dem Widerstand in dir. Dieser Widerstand ist das Ego, ist dein Selbst in einer verzerrten und begrenzten Version.

Du bist auf der Suche nach dir. Nach dem höchstmöglichen Ausdruck deines Wesens. Du kannst es mit einem Lichtschalter vergleichen, mit dem sich das Licht dimmen lässt.

Das Licht ist immer da, die Frage ist, wie hell es erstrahlen kann. Es kann hilfreich sein, ein Tagebuch zu führen, indem du deine Gedanken und Gefühle niederschreibst.

Dadurch lenkst du deine Aufmerksamkeit auf dich und deine Befindlichkeit, was sich auch als Bewusstheit bezeichnen lässt. Durch das Schreiben werden sich dir Einsichten eröffnen, die du durch den rationalen Verstand nie erlangst.

Auf diese Weise trittst du in Kommunikation mit deiner Intuition - du bist diese Intuition und beginnst, mit dir selbst zu sprechen.

7. Was ich dir mit auf den Weg geben möchte

Hör auf dein Herz. Genau dann wirst du immer spüren, ob etwas in deinem Leben nicht stimmt. In jedem Moment gibt es einen richtungsweisenden Impuls. Du gehörst zu den Menschen, die diese Dinge nicht lächelnd abtun und sich weiter mit Oberflächlichem begnügen. Du willst nach Hause.

An einen Ort, der unberührt von jedem Alltag ist. Du suchst das Glück, die Wärme und Geborgenheit, die du einst im Mutterleib empfunden hast. Selbst hier auf dieser Erde kannst du diesen Ort entdecken und jeden Augenblick darin genießen. Du fliehst nicht vor dem Leben, du springst dann mitten hinein, auch wenn dich das zu einem scheinbaren Außenseiter macht.

Was nutzen dir Menschen an deiner Seite, in deren Nähe du dich noch kleiner und unselbstständiger fühlst? Der Weg zu dir zurück ist ein einsamer Weg. Weil du ihn alleine beschreiten musst und dabei viele Menschen in ihren Ansichten vor den Kopf stoßen wirst. Doch du kannst dich dem nicht entziehen.

Es ist dein Weg, dein Leben und deine Aufgabe hier in dieser Welt. Du wirst Angst haben, dich einsam fühlen, aber das geht vorbei. Du gehst rückwärts durch deine Geschichte, durch deine Schmerzen hindurch, bis du an den Anfang deines Daseins gelangst. Hab Mut, es wird dir nichts passieren. Das Leben wird dich heilen, lieben und wieder zusammensetzen. Bis du eines Morgens erwachst und weißt, dass du zu Hause angekommen bist. Für immer.

JETZT ist die Zeit für Deine Transformation!

Wenn Du das Buch soeben durchgelesen hast, dann hast Du jede Menge Inspirationen und Übungen mitbekommen. Belasse es nicht dabei! Setze etwas um- und zwar jetzt, oder spätestens innerhalb der nächsten 3 Tage! Denn sonst verlieren sich zu viele Inspirationen in der Flut deiner Gedanken im Alltag. Hier ein paar Anregungen, was Du tun kannst:

- Sprich mit Freunden darüber, welche neuen Erfahrungen du gewonnen hast.
- Frage Freunde, wie sich dich wahrnehmen, aber betrachte Ihr Urteil als IHRES und nicht als DEINES
- Gehe auf meine Webseite und hole dir Gratis die Digitaldownloads: www. Danielwoerner.de
- Besuche die Webseiten von andren Autoren und lerne von ihnen.
- Finde heraus was du wirklich liebst im Leben!
- Erstelle eine Liste mit Dingen, die dir gut tun.
- Treffe Menschen die dich inspirieren z.B. über meetup.com
- Beginne mit neuen Hobbies, die dich schon immer fasziniert haben.
- Mache oft Spaziergänge und Wanderungen in der Natur
- Sei alleine mit dir und genieße die Einsamkeit und den Moment der Stille

- Beobachte und reflektiere dich ständig selbst.
- Besuche Seminare und Workshops, die Dich stark machen
- Investiere Zeit um das zu tun was dich glücklich macht.
- Lerne ständig weiter und wachse im Inneren.
- Erstelle deine Innere Mission und deine Vision bzw. Ziele.
- Mache dir einen Plan wie du mehr Achtsamkeit in dein Leben bringen kannst.
- Werde langsam und mache jede Handlung bewusst, sei im Jetzt.

Gehe auf meine Webseite und hol dir Gratis die Digitaldownloads:
www. Danielwoerner.de

Zusammenfassung und nächste Schritte

Herzlichen Glückwunsch!

Du bist am Ende des Buches angekommen. Wahrscheinlich hast Du die Übungen gemacht und neue Gedanken und Erfahrungen über dich gewonnen. Aber ist das alles? Aus meiner Erfahrung als Coach ist mir seit Jahren bewusst, dass man die große Menge wertvoller Inspirationen nicht sofort alle verarbeiten kann. So sagen meine Fans und Leser, dass man beim zweiten Durchlesen über Ideen stolpert, die vorher angeblich gar nicht da waren.

Der Grund:

Erst nachdem man innerlich erste Schritte zu einer neuen Sichtweise vollzogen hat, sieht man die nächst höher liegende Ebene. So viele Informationen stecken in diesem Buch. Aber erst beim zweiten und dritten Lesen erkennt unser Verstand, nachdem sich der eigene geistige Horizont erweitert hat, wie viel mehr in diesem Buch steckt.

Ich habe nun 3 Empfehlungen an dich:

- Lies dieses Buch erneut, von Anfang an.
- Erkläre deinen Freunden, welches Bewusstsein du gewonnen hast.
- Nutze die Ressourcen-Liste (online).

Solltest du noch Fragen, Anregungen oder Wünsche haben, schreib mir eine E-Mail an „info@get-inspire.com“

Alles Gute und viel Erfolg
Dein Daniel

Wer bin ich?

Mein Name ist Daniel.

Ich bin 32 Jahre jung, Coach, Unternehmer, Speaker und Visionär. Ich sehe meine Berufung darin meine Freude, den Frieden und die Liebe welche ich in mir trage auszuleben, mich selbst zu erfahren und meine Leidenschaft an dich weiter zu geben und dich zu inspirieren, dies ebenfalls zu tun.

Ich habe die Community GET-INSPIRE gegründet, weil ich Menschen auf der ganzen Welt vereinen und inspirieren möchte, einen Weg zu gehen, der in einen Zustand des bedingungslosen Friedens und der Freiheit führt.

Als ich anfing, mich mit meinem Selbstbewusstsein zu beschäftigen, war ich komplett am Boden zerstört. Die meisten von uns haben es nicht sehr einfach in ihrem Leben. Wenn es dir auch so erging, weißt du jetzt, du bist nicht alleine. Ich hatte eine sehr harte Kindheit. Ich bin ohne Vater aufgewachsen und hatte einen aggressiven Stiefvater, der mich viele Jahre geschlagen und misshandelt hat.

Ich bin in einem Dorf groß geworden weit weg von meinem Geburtsort, das heißt ich war ein Außenseiter und wurde auch so behandelt. Es ist das schlimmste für ein Kind, groß zu werden und nirgends dazu zu gehören.

Viele Jahre vergingen, der Hass und die Missachtung brannten sich in mein kleines Herz. Glaubenssätze wie „Ich bin nicht gut genug“ und „Ich bin nichts Wert“ begleiteten mich durch mein damaliges Leben.

In meiner Jugend landete ich auf der Straße und konsumierte Drogen aller Art. Als ich mit 25 Jahren komplett am Boden war, wies ich mich selbst mit Depressionen, Psychosen und Panikattacken in die Psychiatrie ein.

Mein Körper und meine Psyche waren übersät mit Krankheiten und Leid, und das in so jungen Jahren. Als die Angst und der Schmerz zu groß wurden gab ich endgültig auf und starb.

„Das Geheimnis des Lebens ist zu sterben bevor Du stirbst und herauszufinden, dass es keinen Tod gibt.“ – Eckhart Tolle

Ich erwachte in einem neuen Leben. Da mich diese neue Art von Leben so stark faszinierte machte ich mich auf den Weg, um von allen möglichen Meistern und Lehrern zu lernen und mich von ihnen inspirieren zu lassen.

Heute bin ich vollkommen glücklich, befreit von allen alten Schmerzen und Krankheiten. Ich habe den Schlüssel zu einem Leben außerhalb von Angst und Leid entdeckt, ein Leben voller Selbstbewusstsein und frei von alten Belastungen.

Glück, Frieden, Freude und Gesundheit müssen auch in deinem Leben nicht nur leere Worte sein.

Ich habe es mir zur Aufgabe gemacht all mein Wissen und meine Erkenntnisse weiter zu geben und so zu einer Welt voll mit Selbstbewussten Menschen beizutragen.

Lass dich von meiner Herzensfreude inspirieren und gehe mit mir gemeinsam den Weg der Liebe.

Ressourcen – Liste

Auf meiner Webseite stelle ich dir eine Reihe von kostenlosen Ressourcen zur Verfügung. Diese Arbeitsblätter und weiterführenden Informationen machen es dir leichter mit dem meditieren zu beginnen und so neues Selbstbewusstsein zu schaffen.

Online gibt es diese Extras (wird laufend erweitert):

- Kostenloses Online-Webinar von Daniel zur Erlangung eines Ultimativen Selbstbewusstseins.
- Gratis Workbook: 10 Tipps & Techniken aus der Angst in ein freies Leben
- PDF-Anleitung: 10 Gebote für ein Leben in der 5. Dimension
- Kostenloses PDF: Der 7 Schritte Plan zu mehr Glück und Zufriedenheit
- PDF-Download: Präsent SEIN! Der Weg ins Jetzt!
- Arbeitsbuch: Die Macht des Unterbewusstseins
- Trainingsplan: Meditationsübungen

Notizen

Dein Weiterkommen ist mir wichtig. Daher habe ich viele Extras für deinen Weg in dein neues, bewussteres und vor allen Dingen erfülltes Leben auf meine Webseite gepackt.
Du wirst dort Anleitungen, Seminare und kostenlose Downloads erhalten. All das mit dem Ziel, dass du ein glückliches und bewusstes Leben führen kannst, welches dir übrigens seit deiner Geburt zusteht. Nutze dein Geburtsrecht!

www.danielwoerner.de

1.Auflage 2018

Versand und Vertrieb im deutschen Buchhandel
ISBN: 9781728905075
Satz und Umschlaggestaltung

Printed in Germany

Du hast oft Angst? Bist blockiert und unsicher?
Praktisch alles ist im Inneren veränderbar. Je mehr du dich erkennst, desto mehr bist du dir selbst-bewusst und veränderst so automatisch deine alten Vorstellungen, die negativen Prägungen deiner Kindheit und verlässt endlich den Zustand der Un-Bewusstheit. Neue Facetten entstehen, neue und bessere Perspektiven tun sich auf!

Ich begleite dich, lerne von mir! Erlebe mich live und lass dich von mir inspirieren.
Bist du dabei? Super! Dann sieh dir jetzt gleich mein kostenloses Webinar an und sichere dir dort auch meine drei gratis PDF Downloads:
www.selbst-bewusstsein-stärken.de

Weitere Trainings und Seminare findest du auf
www.danielwoerner.de

Dein Weiterkommen ist mir wichtig. Daher habe ich viele Extras für deinen Weg in dein neues, bewussteres und vor allen Dingen erfülltes Leben auf meine Webseite gepackt.
Du wirst dort Anleitungen, Seminare und kostenlose Downloads erhalten. All das mit dem Ziel, dass du ein glückliches und bewusstes Leben führen kannst, welches dir übrigens seit deiner Geburt zusteht. Nutze dein Geburtsrecht!

www.danielwoerner.de

1.Auflage 2018

Versand und Vertrieb im deutschen Buchhandel
ISBN:
Satz und Umschlaggestaltung

Printed in Germany

Du hast oft Angst? Bist blockiert und unsicher?
Praktisch alles ist im Inneren veränderbar. Je mehr du dich erkennst, desto mehr bist du dir selbst-bewusst und veränderst so automatisch deine alten Vorstellungen, die negativen Prägungen deiner Kindheit und verlässt endlich den Zustand der Un-Bewusstheit. Neue Facetten entstehen, neue und bessere Perspektiven tun sich auf!

Ich begleite dich, lerne von mir! Erlebe mich live und lass dich von mir inspirieren.
Bist du dabei? Super! Dann sieh dir jetzt gleich mein kostenloses Webinar an und sichere dir dort auch meine drei gratis PDF Downloads:
www.selbst-bewusstsein-stärken.de

Weitere Trainings und Seminare findest du auf
www.danielwoerner.de

Printed in Poland
by Amazon Fulfillment
Poland Sp. z o.o., Wrocław

54728802R00061